LES SCANDALES

DU

PANAMA

PREMIÈRE PARTIE

LE PANAMA DEVANT LA CHAMBRE

Pour toutes demandes, s'adresser chez l'auteur, 51, rue Monsieur-le-Prince, Paris.

Prix du Fascicule : 50 Centimes

LES SCANDALES

DU

PANAMA

> J'aurais poussé la candeur un peu loin si je n'avais observé et suivi d'aussi près que possible cette répartition.
>
> *(Déposition de M. FLOQUET, président de la Chambre, devant la Commission d'enquête, 23 décembre.)*
>
> Si ceux qui m'interrompent avaient été défendus autrement, ils ne seraient pas sur ces bancs.
>
> *(Discours de M. ROUVIER, ancien ministre, à la séance du 22 décembre.)*

PREMIÈRE PARTIE

LE PANAMA DEVANT LA CHAMBRE

Pour toutes demandes, s'adresser chez l'auteur, 51, rue Monsieur-le-Prince, Paris.

Prix du Fascicule : 50 Centimes

DÉDICACE

AUX PORTEURS D'OBLIGATIONS DE PANAMA

C'est à vous que je dédie ce livre.

A vous ouvriers, paysans, petits rentiers qui avez travaillé, qui avez souffert pour économiser sou par sou l'argent nécessaire afin d'acquérir une ou plusieurs obligations de la Compagnie de Panama, que vous considériez comme une société nationale, destinée à créer une œuvre nationale. A vous qui comptiez sur cet argent pour établir votre fils, marier votre fille, assurer le pain de vos vieux jours. A vous tous, qui avez été dupés et, disons le mot, volés par une immense escroquerie, dont un coin seulement a encore été découvert.

En vous faisant le récit de l'affaire du Panama, je voudrais vous apprendre comment vous avez été trompés ; par qui vous avez été trompés ; en quelles mains est allé l'argent que vous aviez gagné avec tant de peine, au prix de tant de sueurs ; quel emploi a été fait de cet argent.

Je voudrais vous dire ce que le gouvernement et la justice ont fait pour vous protéger, pour découvrir et punir les coupables ; vous raconter leur procès et, je l'espère aussi, leur condamnation.

Je voudrais enfin, s'il est possible, vous indiquer le moyen de faire rendre gorge aux gens qui vous ont exploités. — Tel est le but de ce travail.

AVANT-PROPOS

La tâche que nous entreprenons aujourd'hui est fort délicate. Nous voudrions raconter clairement, simplement, sobrement les faits que la voix publique a baptisés du nom de *Scandales du Panama*. Habituellement, lorsqu'un crime est commis, le gouvernement, la police, la justice font tous leurs efforts pour reconstituer ce crime dans tous ses détails, en rechercher et en punir les coupables. Dans l'affaire du Panama, rien de semblable. Si, à un moment donné, une poussée irrésistible de l'opinion publique a forcé le garde des sceaux ou le président du Conseil à prendre quelque mesure grave contre un des personnages compromis dans cette triste affaire, soyez sûrs que c'était avec l'arrière-pensée que cette mesure serait sans effet et sans résultat pratique. La voix du peuple se faisait-elle entendre? Vite, on lui jetait pour l'apaiser un ou deux coupables, mais on n'oubliait pas, en paraissant les frapper, que ces coupables étaient aussi des amis, des amis politiques connaissant tous les secrets du syndicat opportuniste, et qu'il serait fâcheux et surtout dangereux de les sacrifier complètement à la vindicte populaire.

Et puis, pourquoi ceux-ci et non ceux-là? Quels sont

parmi les politiciens qui nous gouvernent depuis quinze ans ceux qui pourraient montrer des mains pures de tout tripotage? En politique, comme ailleurs, qui se ressemble s'assemble, et il ne faudrait pas prendre, pour me servir d'une expression vulgaire, un ministère pour en raccommoder un autre. Depuis longtemps, du reste, les ministères se suivent et se ressemblent comme des frères jumeaux; qui a connu l'un les connaît tous. Ils sont composés d'hommes sans principes, sans préjugés, disons sans scrupules, gouvernant au jour le jour, l'œil fixé sur leur portefeuille ministériel qu'ils surveillent pour ne point le laisser tomber, ou voler par un autre plus adroit. Quant aux affaires du pays, quant à la France, qu'importe!

Aussi ministres, magistrats, policiers font-ils des efforts surhumains pour sauver les coupables, et les verrons-nous, à chaque instant de ce récit, jurant qu'ils ne veulent que la lumière, la lumière complète, absolue, illuminant tous les coins de cette ténébreuse affaire, et mettant de suite cette lumière sous le boisseau pour qu'elle n'éclaire point d'un jour trop vif les turpitudes opportuno-radicales.

C'est ce manque de franchise, cette fourberie continuelle et voulue de nos gouvernants qui rendra difficile la mission que nous nous sommes donnée de faire l'historique des scandales du Panama, mais, malgré ces difficultés, nous irons jusqu'au bout de notre tâche sans exagération et sans faiblesse, poursuivant inflexiblement la recherche de la vérité!

———

LES
SCANDALES DU PANAMA

CHAPITRE PREMIER

L'HISTOIRE DE LA SOCIÉTÉ DE PANAMA

Le 3 mars 1881, la Société du Canal interocéanique de
Panama fut définitivement constituée au capital nominal de
300 millions de francs, divisé en 600.000 actions de 500 francs.

Les emprunts se succédèrent assez fréquents; en juin 1888,
la situation financière de la Société était la suivante :

Capital social.		300.000.000
Obligations 5 0/0.		109.375.000
— 3 0/0.		171.000.000
— 4 0/0.		158.969.871
— 6 0/0.	(1ʳᵉ série)	206.460.900
— 6 0/0.	(2ᵉ série)	113.910.280
— 6 0/0.	(3ᵉ série)	35.000.000
Total.		1.094.716.051

A ce moment (juin 1888), la Société obtint des Chambres
l'autorisation de faire un nouvel emprunt de 720 millions à
émettre sous forme d'obligations à lots.

305 millions seulement furent souscrits, ce qui portait à

1.400 millions de francs (près d'un milliard et demi) la somme empruntée.

Au mois de décembre suivant, la Compagnie de Panama ne pouvait plus tenir. Elle eut recours encore une fois à la Chambre.

Le ministre des finances d'alors, M. Peytral, présenta à la Chambre un projet de loi pour autoriser la Compagnie de Panama à proroger pendant un délai de trois mois le paiement de ses dettes, y compris les coupons des actions et obligations, mais à l'exception des obligations résultant d'une partie de l'emprunt de 1888. La Chambre repoussa ce projet.

Devant cette situation, M. de Lesseps sollicita du tribunal civil de la Seine la nomination d'administrateurs pour la Compagnie. MM. Denormandie, ancien gouverneur de la Banque de France, Baudelot, ancien président du tribunal de commerce de la Seine, et M. Hue, furent désignés pour ces fonctions, avec les pouvoirs les plus étendus, notamment de contracter un emprunt afin que les travaux ne fussent point interrompus.

Mais les efforts des administrateurs n'aboutirent à rien de pratique, et, le 5 février 1889, le tribunal civil de la Seine prononça la dissolution de la Société et nomma pour liquidateur M. Brunet, ancien ministre.

Les difficultés grandissant, une loi (17 juillet 1889) autorisa le liquidateur à négocier, sans limitation de prix et sans intérêts, celles des obligations à lots dont l'émission avait été autorisée par la loi du 8 juin 1888 et qui n'avaient pas encore été placées le 4 février 1889, date de la dissolution et de la mise en liquidation de la Compagnie.

Le Ministère hésita longtemps à agir, il finit enfin par s'y décider, sur les instances de la Chambre. Une enquête judiciaire fut ordonnée. M. Ferdinand de Lesseps étant grand-croix de la Légion d'honneur, ce fut, conformément à la loi, un conseiller à la cour de Paris, M. Prinet, qui fut chargé de l'instruction. Cette instruction dura deux ans. Les faits d'escroquerie et d'abus de confiance relevés contre les coupables allaient être prescrits et toute action allait s'éteindre lorsque, le samedi 12 novembre, la Chambre, sur la proposition de M. Pontois, se déclara pour des poursuites immédiates.

Le Cabinet. cependant, ne savait quel parti prendre. La plupart de ses membres et M. Carnot lui-même, ne voulaient pas qu'une action fût intentée, lorsque M. Ricard, Ministre de la Justice, déclara, le 16 novembre, à ses collègues, qu'il venait de saisir le Procureur général et que le procès allait avoir lieu. M. Ricard voulait faire la part du feu. Il espérait qu'un procureur général comme M. Quesnay de Beaurepaire, qu'une magistrature qui avait acquitté Wilson, sauraient encore une fois sauver la République ébranlée. On ordonna des poursuites contre MM. Ferdinand et Charles de Lesseps, Marius Fontane, secrétaire général du Panama, Cottu, administrateur délégué, et Eiffel, le principal entrepreneur. Mais les charges contre les administrateurs du Panama étaient énormes. M. Monchicourt, l'expert choisi par M. Prinet pour examiner les livres du Panama, avait fait un rapport accablant pour les administrateurs.

On avait emprunté près de quatorze cents millions et on n'arrivait à justifier, tant bien que mal, que d'une dépense de 702 millions. Encore comprenait-on dans ce chiffre une somme de 88 millions sous la rubrique : frais d'émission, de publicité et impôts. Environ 800 millions avaient ainsi disparu dans le gouffre du Panama, sans laisser de traces.

Qu'était devenue cette somme énorme? En quelles mains avait-elle passé? Qui avait profité de ces millions? Telles étaient les questions que se posait l'opinion publique indignée.

Au moment où les poursuites allaient commencer, une des personnes les plus compromises dans l'affaire, M. le baron de Reinach, l'oncle et le beau-père de M. Reinach, député et directeur du journal *la République française*, mourait subitement dans son domicile de la rue Murillo, dans la nuit du samedi au dimanche 19 et 20 novembre. Nous reviendrons plus loin sur cette mort mystérieuse

La lumière, cependant, allait bientôt commencer à se faire. M. Delahaye, député d'Indre-et-Loire, prévint le garde des sceaux qu'il allait l'interpeller au sujet des affaires du Panama.

En même temps, des journaux d'avant-garde racontèrent que M. Floquet, lorsqu'il était président du Conseil, avait obtenu des administrateurs du Panama une somme de 300.000 francs dont il s'était servi pour une élection dans le Nord et pour subventionner deux journaux amis.

M. le Président de la Chambre protesta vivement dans la séance du 19 novembre contre les attaques dont il était l'objet.

Sa réponse doit être citée textuellement, car on verra que, plus tard, il a un peu changé de système, lorsque, accablé par des révélations nouvelles, il dut avouer enfin... une partie de la vérité.

J'affirme devant la Chambre que, dans les circonstances dont on a parlé, non seulement je n'ai exercé aucune pression sur qui que ce soit, non seulement je n'ai rien exigé, mais je n'ai rien demandé, je n'ai rien reçu, je n'ai rien distribué. (Vifs applaudissements sur tous les bancs.)

Le gouvernement que j'ai eu l'honneur de présider a été loyal et probe. (Très bien! très bien!) L'administration qui m'a été particulière, celle du ministère de l'intérieur et de la sûreté générale, a la conscience nette et les mains propres. (Vifs applaudissements.)

Je n'aurais jamais eu l'audace d'accepter et de garder l'honneur de présider cette assemblée si, sur mon passé ministériel, pouvait planer le souvenir, je ne dis pas même d'un acte coupable, mais d'un acte seulement équivoque.

Et la Chambre applaudissait de confiance son président.

M. Floquet ne devait plus entendre ces applaudissements.

Le lendemain en effet, le 22 novembre, l'interpellation Delahaye était inscrite à l'ordre du jour de la Chambre.

M. DELAHAYE

CHAPITRE II

LE DISCOURS DE M. DELAHAYE

Après quelques mots de M. Argelès, M. Delahaye monte à la tribune, c'est lui qu'on attendait. Avec lui le débat prend tout de suite une allure nouvelle. La majorité républicaine témoigne immédiatement par son attitude qu'elle est décidée à lui faire tête. Dès les premiers mots, elle va chercher à le désarçonner, à étouffer son discours.

Les interruptions systématiques, calculées, injurieuses, vont devenir tellement pressantes que toutes les phrases de l'orateur en sont hachées. Mais M. Delahaye ne se démonte pas facilement. Le président donne lui-même le signal du tumulte, et le bruit parfois est tel que l'assemblée semblera revenue, à certains moments, aux journées les plus chaudes de la période boulangiste ; les altercations de député à député s'échangent rapides et malsonnantes. Ce n'est bientôt plus qu'une mêlée confuse dans laquelle les spectateurs des tribunes peuvent voir les poings tendus, les regards menaçants, les visages congestionnés....

Quant à M. Delahaye, il reste debout au milieu de l'orage, impassible, toujours maître de sa parole, et allant, imperturbable, jusqu'au bout de son discours.

Voici le résumé du discours de M. Delahaye d'après le compte rendu du *Journal officiel*:

M. Jules Delahaye. — Messieurs, je viens vous proposer de remplir un grand devoir, qui domine toutes nos querelles politiques, un devoir de salubrité sociale qui intéresse tous les partis : je viens vous demander de nommer une commission d'enquête pour vérifier les faits que je vais affirmer ici hautement, au risque de mon honneur et au risque du vôtre... (Très bien ! très bien ! sur divers bancs à l'extrémité gauche de la salle et à droite. — Mouvements divers) Des faits que les poursuites engagées ont, à mon avis, manifestement pour but de dissimuler au pays. (Exclamations à gauche).

N'ayez pas crainte, messieurs, que j'abaisse ce débat à des questions de personnes, que je pourrais nommer.

M. Gabriel. — Si vous connaissez des voleurs, vous pouvez tout de même les dénoncer. (Nouvelles interruptions.)

M. Jules Delahaye. — On a comparé le scandale du Panama à celui d'un ancien député, gendre du président de la République, tenant le commerce que vous savez dans le palais même de l'Elysée. Hélas ! le trafic de la croix d'honneur n'est qu'une misère à côté des trafics du Panama.

Daniel Wilson, ce n'était qu'une impudence, qu'une inconscience personnelle ; Panama, c'est toute une camarilla, tout un syndicat politique sur qui pèse l'opprobre de la vénalité. (Interruptions et bruit.)

M. le président. — Veuillez ne pas nommer des personnes qui ne sont pas dans cette Assemblée ; il serait plus courageux de nommer celles qui sont présentes. (Très bien ! très bien ! à gauche et au centre.)

M. Jules Delahaye.   Je ne reçois de leçon de courage de personne. (Exclamations.)

Les faits que je viens de rappeler n'étaient qu'un accident qui révélait le mal; Panama, c'est le mal lui-même qui a gagné tous les membres du corps social, parce que vous l'avez laissé s'étendre et se développer. (Interruptions à gauche.) Panama, c'est le gaspillage effronté, c'est la curée au grand soleil. (Interruptions.)

C'est la curée, au grand soleil, de la fortune des citoyens, des pauvres, des besogneux, par des hommes ayant mission de la protéger et de la défendre. Je m'explique, messieurs.

C'était en 1888. Les administrateurs de la Compagnie de Panama avaient découragé les souscripteurs. Les bruits les plus inquiétants circulaient sur l'état des travaux, M. Rousseau avait été envoyé dans l'isthme pour éclairer le gouvernement. Alors, M. Ferdinand de Lesseps crut que l'heure des efforts suprêmes, désespérés, qu'il avait connue pour Suez, était venue. Il partit à travers la France, afin de ranimer l'enthousiasme, mais il revint à Paris les mains vides.

Il fallait, à tout prix, pensèrent alors les administrateurs de la Compagnie, surexciter l'épargne épuisée et, pour cela, lui offrir, à côté d'une garantie solide, d'un titre de tout repos, l'attrait d'un grand gain, l'attrait des joueurs, d'un billet de loterie.

L'homme qui conçut cette opération financière n'est plus de ce monde depuis hier. Par respect de la mort et du deuil, je ne prononcerai même pas son nom. (Mouvement.)

Il vint, un jour, trouver les administrateurs de la Compagnie pour leur recommander son ingénieuse combinaison des valeurs à lots; il fut accueilli comme un sauveur. Mais, il devint bientôt l'un des plus mauvais génies de l'entreprise de Panama.

Vous savez ce que je pense des directeurs et des administrateurs de la compagnie, avec quelle dureté, quelle sévérité, j'ai plusieurs fois parlé d'eux à cette tribune.

Mais, messieurs, qui le penserait ? j'ai découvert que ces grands dupeurs avaient été dupés, que ces exploiteurs avaient été exploités avec un tel cynisme, une telle âpreté, que si le malheur des actionnaires et des obligataires de Panama permettait de prononcer le mot de pitié en face de pareils coupables, c'est à eux qu'il faudrait le réserver dans la lamentable catastrophe où ils ont sombré avec l'entreprise de Panama. (Mouvements divers.)

Pour émettre des valeurs à lots, l'intervention des pouvoirs publics était nécessaire : il fallait une loi. Le financier se fit fort de l'obtenir par la toute puissance de ses relations politiques et par la corruption. Il demanda 5 millions dont il ne devait rendre compte à personne. Cette somme lui parut d'abord suffisante pour sa commission et pour acheter toutes les consciences à vendre dans le Parlement. (Rumeurs sur divers bancs. — Interruptions.)

Voix nombreuses. — Des noms! des noms!

M. Jules Delahaye. — Si vous voulez les connaître vous voterez l'enquête. (Très bien! très bien! à droite.)

Un membre. — L'enquête, c'est un enterrement.

M. Jules Delahaye. — Son siège était fait. Il connaissait, paraît-il, jusqu'au chiffre des dettes d'un grand nombre de députés ; chacun fut tarifé suivant l'importance de ses dettes ou de sa valeur politique. Le financier avait, entre autres, pour remplir cette mission, un homme de confiance digne de la besogne, un nommé Arton, qui, depuis, a passé la frontière. Vous savez pourquoi. Un livre de chèques fut remis au sieur Arton, chargé de « faire le nécessaire » ; telle fut l'expression convenue pour faire comprendre aux membres des deux Chambres que l'on était prêt à estimer leurs votes. (Nouvelles interruptions à gauche.)

A gauche. — Donnez-les noms !

M. Jules Delahaye. — Vous voterez l'enquête si vous voulez des noms.

Trois millions furent distribués entre cent cinquante membres du Parlement, parmi lesquels, je dois le dire, il n'y avait qu'un petit nombre de sénateurs. (Mouvements divers.)

Mais les appétits excités grandirent démesurément. Ils devinrent énormes. Le financier revint plusieurs fois demander qu'il fût ajouté des suppléments aux millions qu'il avait reçus. Les administrateurs de la compagnie de Panama furent assaillis par une véritable meute de politiciens.

A gauche. — Lesquels ?

M. Jules Delahaye. — Oh ! si vous en êtes bien curieux, vous les trouverez. (Très bien ! à droite.)

Il fallait vider les caisses ou succomber.

A gauche. — Dites donc les noms !

M. Jules Delahaye. — Un jour, ce fut l'élection du Nord, et non pas l'élection de Paris, comme on l'a dit, qui fut la raison ou le prétexte de ces sollicitations.

M. le président. — J'avais l'honneur d'être ministre de l'intérieur, lorsqu'ont eu lieu les deux élections du Nord, la première au mois d'avril, commencée sous le ministère de M. Tirard et qui s'est achevée sous mon ministère, la seconde au mois d'août...

A droite. — A la tribune ! à la tribune !

M. le vicomte de Labourdonnaye. — Vous voterez l'enquête !

M. le président. — Quand vous voudrez, monsieur ! Je suis tout prêt à comparaître devant toutes les enquêtes. (Très bien ! très bien ! à gauche. — Bruit à droite.)

M. Jules Delahaye. — Un jour, disais-je, ce fut l'élection du Nord, qui fut la raison des sollicitations. Il fallait 100,000 francs pour un journal, 100.000 francs pour un autre journal, 100.000 francs pour les frais de l'élection.

Voix à gauche. — Donnez les noms !

M. Jules Delahaye. — 300.000 francs ont été versés et touchés pour l'usage que je dis. (Bruit à gauche et au centre.)

— Un autre politicien, un ancien ministre — il est mort — exige 400.000 fr. Cette fois le chèque est touché à la Banque de France. Vous le voyez, cela mérite une enquête.

Puis, c'est un journal qui n'avait que le souffle, qui ne valait pas 20 fr. et qui est acheté 200.000 fr. à raison de l'influence qui était par derrière.

A gauche. — Lequel !

M. Jules Delahaye. — L'enquête !

Un autre personnage croit qu'il est patriotique d'acheter un grand journal à l'étranger ; les fonds secrets ne pouvaient faire la dépense, qui était de 500.000 fr. Panama paya. Le chèque fut endossé par un garçon de bureau que je pourrais nommer...

Au centre et à gauche. — Nommez ! nommez !

M. Jules Delahaye. — S'il me fallait vous nommer tous les noms propres ici (Oui ! oui !), une séance de nuit serait nécessaire. (Mouvements divers.)

Le chèque fut endossé par un garçon de bureau que je pourrais nommer et passé à l'ordre d'un banquier que je pourrais nommer aussi...

A gauche (ironiquement). — Toujours ?

M. Jules Delahaye. — Je pourrais multiplier, — car je ne vous désigne, vous le pensez bien, qu'une infime partie du dossier de l'enquête que je vous propose...

Sur un grand nombre de bancs. — Vous ne donnez rien du tout !

M. Jules Delahaye. — Les administrateurs de la Compagnie de Panama pouvaient se croire au bout de ces détournements, lorsque le jeu de nos institutions mit entre les mains d'un des membres du Parlement tous les éléments de cette immense intrigue.

La commission nommée pour étudier le projet des valeurs à lots était partagée par moitié : cinq pour et cinq contre. Du onzième dépendait donc le rejet ou l'adoption. Il alla s'offrir au siège même de la Compagnie pour 200.000 francs.

On ne se rendit pas compte tout d'abord de sa valeur relative, et on refusa. Le député se mit alors à la tête d'un syndicat qui, escomptant le prochain rejet de la loi, joua à la baisse avec la participation d'un banquier que tous ceux qui sont au courant de ces affaires connaissent bien.

La commission était réunie ; encore une heure ou deux, et le sort en était jeté.

Un agent de la compagnie se présenta dans la salle des Pas-Perdus, fit appeler le député, qui sortit une première fois. — Voulez-vous 100.000 francs ? — Non, c'est 200.000... Le député rentra. Quelques instants après, l'agent de la compagnie le fit mander une seconde fois ; il sortit de nouveau. Cette fois, il reçut les 200.000 francs. Il rentra, et le projet fut adopté par la commission, par six voix contre cinq.

Mais, messieurs, le législateur satisfait avait oublié de prévenir son ami le banquier qui, à ses risques et périls, continuait à vendre, à vendre toujours. Le banquier fut ruiné ; vous le connaissez tous, je n'ai pas besoin de le nommer. (Mouvements divers.)

Eh bien, messieurs, je vous ai dit, en commençant, que je vous conviais à une œuvre de salubrité sociale. J'espère que mon récit a convaincu le plus grand nombre d'entre vous.

Vous me direz : « La preuve ! » n'est-ce pas ?

La preuve, je vais vous dire tout à l'heure où elle est et quelle elle est ; mais permettez-moi de vous faire observer qu'il ne vous suffirait pas, cette fois, de crier éternellement : « La preuve ! » pour dissiper les soupçons légitimes qui pèsent sur les pouvoirs publics. (Rumeurs.) Non, il y a des accusations telles, en politique, qu'il ne suffit pas de les nier ; il faut prouver son innocence et confondre la calomnie. (Bruit.)

La preuve, vous savez bien où elle est ! (Vives protestations à gauche.)

Il y en a cent parmi vous qui savent où elle est. (Exclamations et bruit prolongé à gauche et au centre.)

Voix nombreuses. — Lesquels ?

A ce moment, la séance déjà si agitée, devient tumultueuse,

Des interpellations se croisent de toutes parts et, aux cris do : les noms! les noms! l'orateur répond : l'enquête! l'enquête!

Il descend enfin de la tribune au milieu d'une agitation extrême.

Cependant le gouvernement est au pied du mur ; il n'ose reculer devant cette enquête qui peut l'emporter et, prenant une résolution suprême, il s'associe tout entier à cette demande d'enquête qui est votée immédiatement à l'unanimité.

On décide donc qu'une commission de 33 membres sera nommée avec les pouvoirs les plus étendus pour faire la lumière sur les allégations portées à la tribune à l'occasion des affaires de Panama.

Cette mémorable séance prenait fin au milieu des conversations les plus animées, des disputes, des cris de colère et des menaces.

Qu'on nous pardonne d'avoir reproduit *in extenso* le discours de M. Delahaye. Lorsqu'un procès commence il faut savoir quelles sont les accusations produites et connaître le réquisitoire du Ministère public. Or, le réquisitoire du Ministère public dans l'affaire de Panama c'est le discours de M. Delahaye. C'est lui qui va servir de base à la commission pour faire son enquête, à la justice pour faire son instruction.

Il était donc nécessaire de mettre en lumière cette pièce capitale de l'affaire du Panama.

M. Delahaye, du reste, dans une lettre qu'il adressait plus d'un mois après au *Figaro* expliquait encore comment il avait pu affirmer que 150 personnages politiques avaient émargé au budget de la corruption de Panama.

Il terminait sa lettre par les considérations suivantes :

Eh bien ! cette Commission, dont les pouvoirs *les plus étendus* ne sont que dérisoires, a trouvé sur mes indications une douzaine de corrompus.

Que représente, en argent, cette douzaine de députés, de sénateurs, d'anciens ministres ?

Quelques centaines de mille francs.

Or, il est établi que M. de Reinach a touché sept millions à Panama, qu'il y a en outre dans la comptabilité de la Compagnie un chèque de 300.000 francs, un autre chèque de 500.000, un autre de 750.000, et je ne sais combien de bons anonymes. Nous nous trouvons donc en face d'une somme globale de plus de 12 millions.

Admettons que les corrupteurs aient prélevé une commission aussi considérable qu'il vous plaira : cinquante pour cent, si vous voulez. Il reste encore près de six millions dont il faut justifier l'emploi.

Nous savons que les députés influents se sont contentés de 20 à 25.000 francs chacun.

Divisez par ce chiffre les sommes dont la répartition n'est pas encore fournie, et vous aurez comme quotient le nombre raisonnablement présumé des parlementaires corrompus.

Supposons que la justice, mue par une raison d'Etat, ne veuille pas trouver les noms ; *supposons qu'elle commette la faute de laisser à l'avenir le soin de faire l'œuvre d'assainissement* que je lui ai proposée, il n'en reste pas moins acquis d'ores et déjà que Panama a soudoyé les pouvoirs publics.

CHAPITRE III

LES CORRUPTEURS, LES INTERMÉDIAIRES

Le discours de M. Delahaye, si complet, si énergique, indiquant d'une façon si précise et si nette les dessous de l'affaire de Panama fit une profonde impression dans le public. Immédiatement les journaux d'avant-garde jetèrent au public les noms des coupables, que l'honorable député d'Indre-et-Loire n'avait point voulu nommer. C'étaient Floquet, le président de la Chambre, Rouvier, le Ministre des Finances, des députés : Arène, Proust, Dugué de la Fauconnerie ; des sénateurs : Albert Grévy, le frère de l'ancien président de la République, l'ancien gouverneur général de l'Algérie, Léon Renault, ancien préfet de police, Thévenet, Devès, anciens ministres.

Peu à peu on reconstituait une partie de la vérité. M. le Prévost de Launay racontait qu'interrogé par M. le conseiller Prinet, il avait entendu ce magistrat lui dire : « Nous avons tout ici, jusqu'aux moindres sommes touchées. »

« A chaque émission, aurait dit M. de Lesseps, on nous sautait à la gorge et on nous serrait la vis. » Et comme le juge d'instruction lui faisait observer qu'il constatait de pareils agissements de la part du monde politique, M. Charles de Lesseps à chaque interrogation répondait, vaincu et accablé, par ces seuls mots : *Amen! Amen!* et il ajoutait enfin : « Vous ne sauriez vous rendre compte combien, de ce côté comme du côté de la haute banque, le Panama a été pressuré et égorgé! »

Sous quelle forme cette pression, disons le mot, ce chantage s'était-il produit?

Lorsque la Société de Panama, par suite d'une administration détestable et de malversations nombreuses, se trouva, faute d'argent, incapable de continuer les travaux commencés dans l'isthme, elle s'adressa à la Chambre pour obtenir l'autorisation de faire un nouvel emprunt de 720 millions à émettre sous forme d'obligations à lots. Les députés hésitaient à voter cet emprunt. La Commission nommée pour étudier le projet de loi était divisée en deux parties presque égales. Lorsqu'on passa au vote la majorité même se prononça contre le projet de loi, et un des membres de la Commission fut chargé de faire un rapport concluant au rejet. Mais, le lendemain, un des députés qui avaient voté contre la loi, changeant subitement d'avis, sans motif appréciable, déclarait qu'il voterait le projet de loi. C'était M. Sans-Leroy, que nous retrouverons plus tard, et dont l'évolution subite sera expliquée. La majorité, déplacée par ce changement subit, devenait favorable au projet d'emprunt et M. Maret, député et rédacteur en chef du *Radical*, fut nommé rapporteur et conclut dans son rapport en faveur de la demande de M. de Lesseps.

La Chambre était, comme la Commission, fort hésitante. Il fallait agir sur elle, agir vite et sûrement si l'on voulait obtenir une majorité favorable.

On mit tout en œuvre, surtout l'argent.

La Compagnie de Panama choisit des intermédiaires pour faire cette besogne de corruption.

Deux surtout s'en occupèrent avec une habileté extrême. Ils avaient déjà de nombreuses relations dans le Parlement, ce qui devait rendre leur tâche plus facile.

Ces deux hommes étaient le baron Jacques de Reinach et Arton.

Disons quelques mots seulement d'Arton.

Arton est un financier véreux, mêlé à tous les tripotages.

Au moment où commençait l'affaire de Panama, il était poursuivi pour complicité d'escroquerie et d'abus de confiance avec M. Gilbert Le Guay, ancien ministre, ancien directeur de la Société de dynamite. Prévenu à temps, Arton avait pris la fuite. Mais il savait bien qu'on ne voulait pas l'arrêter et que la police aurait été désolée de mettre la main sur lui. Arton, en effet, avait été l'aide du baron de Reinach. C'était lui qui avait été chargé par cet entrepreneur général de la corruption, de séduire certaines consciences de députés, de journalistes républicains. Arton, à cet effet, avait touché à la caisse de Panama près de trois millions dont il avait distribué la plus grande partie. Nous verrons plus tard à qui ces sommes avaient été remises et dans quelles conditions. Il avait un carnet de chèques à souche donnant le chiffre des sommes distribuées et le nom des destinataires. Arrêter un tel homme, c'eût été s'exposer à voir publier le lendemain même une partie des noms des honorables membres de la Chambre ou du Sénat dont il avait acheté les voix. Aussi se promenait-il tranquillement dans Paris, affirmaient certains journaux.

Mais Arton n'était qu'un sous-ordre. L'homme qui avait entrepris à forfait de faire voter par la Chambre et le Sénat le projet de loi d'emprunt à lots du Panama, celui qui s'était

également chargé d'avoir une presse favorable c'était le baron
de Reinach,

M. DE REINACH

Le baron de Reinach était le grand organisateur de la corruption, et lorsqu'il ne faisait point agir Arton, il daignait
opérer lui-même. C'était un juif allemand âgé de cinquante-
six ans né à Francfort. Il avait été anobli par l'Allemagne,
ce qui ne l'avait point empêché de se faire naturaliser Français.

Arrivé à Paris, il s'était jeté dans les affaires ; juif et allemand, il savait mieux que personne que les affaires *c'est
l'argent des autres*, et il était entré dans toutes les combi-
naisons de Bourse qui ont pour objet, et hélas souvent pour
résultat, de faire sortir de la poche de braves gens l'argent
difficilement gagné, pour le faire entrer dans l'escarcelle de
quelque banquier cosmopolite. Point d'affaires véreuses dont
il ne sût tirer profit, point de tripotages financiers qu'il n'ex-

ploitât à son bénéfice ; il avait été l'associé de la maison de banque Kohn, Reinach et Cie, dont la raison sociale est aujourd'hui Siegfried, Propper et Cie. Il était du reste merveilleusement apparenté, l'ami intime de nombreux hommes politiques les plus en vue, et le financier préféré de notre ministre des finances M. Rouvier.

M. le baron de Reinach était l'oncle et devint le beau-père de M. Joseph Reinach, député des Basses-Alpes, directeur du journal la *République française*, l'homme politique qui a joué un rôle si important lors du procès du général Boulanger. Chez son gendre le banquier avait rencontré toute la fine fleur du parti opportuniste ; souple, insinuant, la bourse et la main faciles lorsqu'il croyait qu'il avait intérêt à se montrer généreux, il avait rendu de nombreux services aux membres du gouvernement. Le parti radical lui-même était son obligé, il jouissait d'une immence influence et cette influence il l'avait mise à la disposition des administrateurs de Panama..... moyennant finances.

Cependant il avait joué un rôle tellement actif, que lorsque la lumière commença à se faire on ne put malgré les protections dont il disposait, ne pas le comprendre dans les poursuites ordonnées contre MM. de Lesseps, Fontane et Cottu. Il devait être délivré contre lui un mandat de comparution devant le juge d'instruction le lundi 21 novembre, lorsqu'on apprit soudain dans la matinée du dimanche qu'il venait de mourir subitement dans son hôtel de la rue Murillo.

Cette mort subite, dans de telles circonstances, émut vivement l'opinion publique.

Etait-il mort naturellement ? S'était-il suicidé ? Avait-il été assassiné ? Telles étaient les trois hypothèses que la presse tout entière discutait avec passion.

Quant au gouvernement il donnait sa version : Le baron de Reinach était mort naturellement. Un certificat du médecin des morts le constatait.

Voici ce qu'il faisait raconter par ses journaux :

Dimanche matin, à six heures vingt-cinq, son domestique

était entré dans sa chambre, rue Murillo, voulant le réveiller, suivant la consigne donnée, pour aller à la chasse. Il appela par deux fois et secoua son maître qui ne donnait plus signe de vie.

Le baron était étendu dans son lit, sans mouvement, le visage encore congestionné, la face encore rouge, le corps rigide.

Suivant la version de la famille et du médecin de M. de Reinach, la mort de celui-ci aurait été causée par une attaque d'apoplexie. On ajoutait qu'une première attaque avait eu lieu en 1890.

Au contraire la plupart des feuilles publiques croyaient au suicide.

Le *Figaro* faisait remarquer que M. de Reinach avait pris une part très active aux affaires de Panama et aux incidents qui ont accompagné la discussion des Chambres, relative à l'émission de valeurs à lots. « Il possédait un volumineux dossier et avait, dit-on, pris la précaution de détruire tous les papiers qui pouvaient compromettre les personnes avec lesquelles il avait traité. Or, il s'aperçut tout d'un coup que si les lettres étaient prudemment détruites, le copie-lettres lui avait été dérobé. Il s'en inquiéta, s'en irrita, s'épouvanta outre mesure des conséquences dans lesquelles de pareilles divulgations produites dans le public entraîneraient ses amis d'autrefois. »

Le *Gaulois* qui croyait aussi au suicide disait de son côté que M. de Reinach s'occupait beaucoup de toxicologie et qu'il aurait préparé lui-même le poison dont il se serait servi.

D'autres journaux enfin croyaient que le baron de Reinach avait été assassiné. Ils soutenaient qu'il était en possession de tant de secrets que sa mort était devenue nécessaire et que le gouvernement l'avait sacrifié à ce qu'on appelle la raison d'État.

Signalons enfin une quatrième hypothèse, qui prit, quelques jours plus tard, beaucoup plus de consistance. On disait que le baron de Reinach n'était point mort ; et qu'on avait fait courir ce bruit pour lui permettre de passer à l'étranger, de se sauver comme Arton.

L'opinion publique se demandait si, avant de mourir, le baron de Reinach n'avait pas eu le temps de brûler tous les papiers compromettants qu'il pouvait avoir à sa disposition. Elle s'étonnait que des perquisitions n'eussent point été ordonnées par la justice au domicile de cet homme si gravement compromis dans l'affaire de Panama. Elle ne comprenait pas, enfin, pourquoi des scellés n'avaient point été apposés immédiatement après le décès pour empêcher les héritiers du mort d'enlever les pièces importantes qui pouvaient être utiles à l'instruction du procès. Enfin on remarquait également que le commissaire de police du quartier n'avait point dressé procès-verbal du décès ainsi que la loi l'ordonne lorsqu'il s'agit d'une mort dont la cause peut être criminelle.

La justice voulait-elle rester désarmée pour poursuivre les coupables ? Refusait-elle de faire la lumière sur les scandales de Panama ? Quels personnages politiques voulait-elle sauver par son abstention voulue ? Graves questions que la presse indépendante posait chaque jour.

Deux jours après sa mort, le baron de Reinach était enterré presque clandestinement dans le cimetière d'une petite commune du département de l'Oise, à Nivillers.

Entre temps, les journaux levaient chaque jour un des voiles qui couvraient cette triste affaire de Panama. Nous avons déjà vu que M. Floquet était compromis, on accusait en outre M. de Freycinet, le Ministre de la Guerre, M. Rouvier, le Ministre des Finances, MM. Antonin Proust, député, Béral et Thévenet, sénateurs, Sans-Leroy, ancien député, et beaucoup d'autres d'avoir reçu des pots-de-vin.

La Chambre avait nommé à l'unanimité une commission d'enquête qui, sous la présidence de M. Brisson, l'un de ses membres, avait commencé à entendre des témoins.

Enfin, M. Pourquery de Boisserin, député, avait saisi la Chambre d'un projet de loi tendant à accorder à la commission d'enquête tous les pouvoirs judiciaires.

Nous traiterons, dans un chapitre spécial, tous ces incidents de l'histoire du Panama. Revenons, pour l'instant, à M. le baron de Reinach. Nous avons dit quel scandale avait produit cette mort mystérieuse. M. Ricard, garde des sceaux, appelé devant la commission d'enquête pour donner des explications, l'avait fait d'une manière fort piteuse.

— D'une part, disait-il, une telle mesure (l'autopsie) ne saurait être prise d'office que s'il y a crime ou présomption de crime, et ce n'est pas le cas ; d'autre part, il faudrait, pour obtenir le consentement de la famille, que la religion juive ne défendît pas les autopsies.

M. Ricard, bien qu'avocat, bien que garde des sceaux, oubliait qu'il existe un article 44 du code d'instruction criminelle qui ordonne de faire l'autopsie des personnes dont la mort peut être attribuée à une cause suspecte.

Les scrupules religieux (où allaient-ils se nicher?) n'avaient pas plus de valeur, et le grand rabbin de France, M. Zadoc-Kahn, déclarait à un journaliste : « Notre religion nous ordonne de respecter les cadavres, mais l'autopsie ne saurait être considérée comme une profanation. »

M. le Ministre de la Justice avait donc donné des motifs également faux pour refuser l'autopsie.

Les explications au sujet de la non-apposition des scellés n'avaient point été meilleures.

Il avait déclaré que le soin de cette mesure incombait à M. le Procureur général qui n'avait pas cru devoir y faire procéder.

Cette réponse suggérait à un journal républicain (l'Eclair) les réflexions suivantes :

Mais, sapristi ! M. le procureur général avait donc oublié que, sur ses propres conclusions, M. J. de Reinach était cité à comparaître le vendredi 25 novembre courant, par-devant la cour d'appel de Paris.

Comment, voilà un homme qui meurt au moment où une instruction ouverte contre lui a conclu à sa culpabilité, et le procureur général ne s'avise pas qu'il peut y avoir lieu d'examiner ses livres, ses carnets, sa correspondance d'affaires, tout ce qui peut garder la trace de ces « manœuvres frauduleuses » que recherche la prévention ; il ne pense pas à prendre la précaution usuelle, classique, jamais négligée en semblable cas, de la mise sous scellés des papiers laissés par le prévenu !

Et après cela on nous annonce encore que le gouvernement a refusé l'autorisation de pratiquer l'autopsie ! Mais c'est à n'y pas croire ! Mais si le gouvernement voulait persuader l'opinion qu'il est résolu à tout mettre en œuvre pour empêcher la vérité d'éclater, il ne pourrait pas s'y prendre autrement. Visiblement ce ministre-là et son procureur se moquent de nous.

Et comme conclusion ce journal républicain ajoutait :

Si la vérité sur les tripotages de Panama finit par se découvrir, ce ne sera pas la faute du gouvernement, ni des juges.

Cependant une solution s'imposait.

M. le comte de La Ferronnays, député de la Loire-Inférieure, écrivait au garde des sceaux pour le prévenir qu'il lui poserait une question « sur les circonstances qui ont entouré la disparition de M. le baron Jacques de Reinach, sur les bruits qui ont circulé dans le public à ce sujet, et sur les mesures qu'il se propose de prendre pour apaiser l'émotion que ces bruits ont provoquée. »

De son côté un autre député M. Millevoye, faisait une démarche semblable :

La séance de la Chambre du 29 novembre, jour fixé pour les interpellations de M. de la Ferronnays, devait être pleine d'imprévu et amener la chute du Ministère Loubet.

Au début de la séance M. de La Ferronnays développait son interpellation.

M. Ricard, garde des sceaux lui répondait : il s'étonnait de la question qui lui était posée :

Comment est-il possible de supposer que nous vivions dans un temps où il n'y a plus rien, ni justice, ni administration, où toutes les règles élémentaires qui sont la sauvegarde des citoyens français seraient impunément violées ? (Bruit à droite).

On peut apporter à la tribune cette articulation qui, paraît-il, a besoin d'être démentie : qu'au lieu d'inhumer un homme mort, on aurait, en violation de tous les principes, joué une indigne comédie.

« En violation de tous les principes » est une de ces trouvailles oratoires qui n'appartiennent qu'à M. Ricard. L'expression dont la Chambre se délecte, comme il convient, jette un élément de gaieté dans un débat forcément empreint de la note funèbre. — « Vous voulez déconsidérer toute l'administration française », s'écrie un moment après le garde des sceaux. Il poursuit en déclarant que tout a été régulier. Le médecin de l'état civil a été requis : il a certifié que la mort de M. de Reinach, résultant d'une congestion cérébrale, était parfaitement naturelle. Le permis d'inhumation a dès lors été délivré, et la justice n'avait pas à intervenir.

Il n'y a pas eu crime, continuait le Ministre, et je ne puis agir, je ne puis ordonner l'autopsie.

M. Ricard n'était pas plus heureux dans les motifs qu'il donnait sur la non-apposition des scellés, prétendant qu'étant données les conditions dans lesquelles était survenue la mort de M. de Reinach, la saisie de ses papiers était légalement impossible.

M. Ricard concluait par la glorification de ses propres actes : il avait voulu des poursuites, il les avait ordonnées ; il avait désiré l'enquête, il souhaitait qu'elle fît la lumière, il promettait de lui prêter son concours, un concours ardent, absolu, allant jusqu'à la limite où commence le sacrifice du devoir.

M. Brisson, président de la Commission d'enquête dont nous analyserons les travaux dans un chapitre spécial, se levait alors, et lisait une décision de la commission qu'il préside ainsi conçue :

« La commission d'enquête exprime le désir que le gouvernement prenne les mesures médico-légales qu'il convient, à l'effet d'établir si M. Jacques de Reinach est mort de mort violente ou non, et que le gouvernement prenne telles mesures qu'il convient au sujet des papiers de M. Jacques de Reinach. »

Puis applaudi par toute la Chambre il établissait que l'article 44 du code d'instruction criminelle permet de faire l'autopsie de toute personne dont la cause de la mort est inconnue et suspecte. « Il fallait, disait-il, chercher dans nos codes toutes les raisons qui permettaient d'agir et non pas y chercher les raisons de s'abstenir. Car on savait, vos magistrats savaient que très probablement c'était chez cet homme que se trouvait le secret de l'honneur d'un grand nombre de citoyens, et les scellés ne ont pas encore apposés sur ses papiers ».

M. Loubet, président du conseil, prétendant qu'il n'y a pas moyen de gouverner dans ces conditions, refusait l'autopsie et demandait un vote de confiance.

Ce vote fut refusé par 293 voix contre 195.

Le Ministère était renversé.

Il devait être reconstitué quelques jours plus tard dans des conditions tout à fait anormales. M. Ribot était nommé président du conseil; M. Bourgeois ministre de la justice; M. Loubet prenait le portefeuille de l'intérieur et tous les autres ministres sauf MM. Ricard et Jules Roche reprenaient leurs portefeuilles.

On punissait ainsi M. Ricard d'avoir ordonné les poursuites contre les administrateurs du Panama et soulevé tous ces scandales.

M. FLOQUET

J'aura's poussé la candeur un peu loin si je n'avais observé et suivi d'aussi près que possible cette répartition.

(Déposition de M. FLOQUET, président de la Chambre, devant la Commission d'enquête, 23 décembre.

CHAPITRE IV

LA COMMISSION D'ENQUÊTE

La proposition Pourquery de Boisserin.

Nous avons vu plus haut qu'à la fin de l'orageuse séance du 22 novembre, la Chambre avait voté à l'unanimité la nomination d'une commission d'enquête de trente-trois membres. Le lendemain les députés se réunirent dans leurs bureaux pour élire les membres de cette commission. Il avait été convenu d'avance que les minorités, c'est-à-dire la droite et le parti

ouvrier. seraient représentés proportionnellement au nombre
de leurs membres, et un accord était intervenu entre tous
les groupes pour déterminer le nombre de commissaires que
chacun d'eux pourrait fournir. Le vote eut lieu, et le dépouil-
lement du scrutin fit bientôt connaître le nom des députés
qui avaient réuni le plus de voix. Le vote avait eu lieu à
bulletin fermé, aussi nos bons opportuno-radicaux avaient-
ils profité de l'occasion pour tricher. Ils n'avaient voté que
pour leurs propres candidats ! Le lendemain du jour où
M. Delahaye dévoilait à la tribune toutes leurs turpitudes, ils
avaient la maladresse de commettre cette petite manœuvre
déloyale ! C'était dire sans vergogne que l'on voulait bien.
puisqu'il n'y avait pas moyen de faire autrement, nommer
une commission d'enquête, mais qu'on voulait qu'elle ne fût
composée que d'amis assez sûrs pour enterrer proprement et
sans bruit l'enquête elle-même.

Malheureusement pour les toucheurs de chèques ce machia-
vélisme trop grossier ne réussit pas. Deux ou trois députés
de la droite qui avaient été nommés quand même donnèrent
leur démission motivée à la tribune, quelques républicains
plus honnêtes que leurs coreligionnaires politiques, ou plus
avisés, firent de même. On décida alors que la commission
d'enquête serait complétée le lendemain.

Il restait 16 membres à élire. Cette élection eut lieu en
effet, et la droite et le parti ouvrier furent représentés dans la
commission ainsi qu'il avait été convenu.

Le 25 novembre, la commission se réunit pour procéder à
l'élection de son bureau. M. Brisson, l'ancien président du
Conseil, fut nommé président, et MM. Claussel de Coussergues
et Jolibois, vice-présidents. On choisit pour secrétaires
MM. Barthou, Terrier, de la Batut républicains, et M. de Vil
lebois-Mareuil, de la droite. M. Brisson remercia alors
ses collègues de l'honneur qu'ils venaient de lui faire et leur
demanda tout leur concours pour mener à bien leurs travaux
et arriver à faire la lumière entière sur les faits qui leur
avaient été dénoncés, ou que leur enquête pourrait découvrir.

La commission s'occupa ensuite de la proposition déposée par M. Pourquery de Boisserin.

Deux jours avant, en effet, ce député avait déposé sur le bureau de la Chambre un projet de loi ainsi conçu :

Article premier. — Tous les pouvoirs résultant du code d'instruction criminelle pour la constatation des faits criminels ou délictueux, sont attribués aux commissions d'enquête nommées par l'une ou l'autre Chambre.

Art. 2. — La commission pourra les déléguer à un ou plusieurs de ses membres.

C'était, on le voit, transformer la commission d'enquête en un véritable tribunal, et lui accorder tous les pouvoirs qui sont réservés à la justice.

La commission d'enquête ne voulut pas s'engager elle-même sur cette question, laissant au gouvernement toute la responsabilité de la décision qu'il aurait à prendre dans la discussion fixée au 27 novembre.

La presse, cependant, continuait sa campagne et dénonçait chaque jour quelque scandale. La *Cocarde* maintenait contre M. Floquet l'accusation qu'elle avait portée contre lui d'avoir reçu 300.000 francs, et le mettait au défi de la poursuivre. Puis, précisant ses attaques, elle disait dans son numéro du 24 novembre :

M. Floquet a raison: ce n'est pas pour l'élection Jacques, au mois de décembre, qu'il a reçu trois cent mille francs. C'est au mois d'avril que M. Arton a déposé cent mille francs sur son bureau. C'est dans le même mois qu'un journal du matin et un journal du soir ont reçu chacun cent mille francs du même M. Arton à la prière du même M. Floquet.

Il n'y a pas de chèques, il n'y a pas de reçus, mais il y a des témoignages indiscutables et qui seront indiscutés. Il y a des gens, qui certes, ne nous pardonneront pas de les mener en cour d'assises, si M. Floquet veut bien s'y résigner encore, ou devant la commission d'enquête, si elle a les pouvoirs judiciaires suffisants. Ces gens-là sont incapables d'un faux serment.

Que M. Floquet se résigne à avouer une faute politique.

M. Maret, député, rédacteur en chef du *Radical*, était désigné de son côté par la *Libre Parole* comme ayant bénéficié des 100.000 francs donnés par M. Floquet à son journal.

M. Sans-Leroy, ce député dont le changement subit d'opinion avait modifié la décision de la commission parlementaire chargée d'étudier le projet de loi d'emprunt à lots, était également pris à partie par la *Cocarde*.

On rappelait ses relations avec Jacques Meyer, ce financier ami de M. Thévenet, ancien garde des sceaux, condamné en police correctionnelle pour abus de confiance.

La *Libre Parole* dénonçant en même temps un sénateur et un député comme ayant vendu leur influence à la Société de Panama moyennant finances, disait dans le numéro du 24 novembre :

M. le député Antonin Proust, ancien ministre des beaux-arts, sera satisfait d'apprendre que M. le sénateur Béral, conseiller d'Etat honoraire, a touché une somme assez ronde.

Par contre, M. le sénateur Béral, qui évidemment aime à être *éclairé*, apprendra avec plaisir que M. le député Antonin Proust a touché en deux fois une somme de 50.000 francs, et que les derniers 25.000 francs ont été payés en un chèque sur une banque de Niort.

La Commission, cependant, avait commencé ses travaux le 26 novembre. Elle avait entendu MM. Ricard et Loubet au sujet de l'autopsie du baron de Reinach et des scellés qui n'avaient point été apposés à son domicile. Elle avait ensuite fait comparaître devant elle M. Delahaye, l'auteur de l'interpellation sur les affaires du Panama. M. Delahaye complétant le discours que nous avons reproduit disait que M. de Reinach avait reçu cinq millions pour l'œuvre de corruption qu'il avait entreprise, que les livres de la Société de Panama devaient constater à quel chapitre avait été passée cette somme, en quelle qualité et pour quels services le baron l'avait touchée, et que MM. de Lesseps, Fontane, Cottu, et les caissiers de

Panama pourraient donner sur l'emploi de cette somme tous les renseignements dont on aurait besoin.

Si M. de Reinach est mort, ajoutait-il, son complice, Arton est vivant, et peut-être serait-il possible de le faire comparaître devant la Commission d'enquête et devant la Justice.

C'est au moyen de chèques que M. de Reinach et Arton rémunéraient les services rendus à la Société du Panama par nos hommes politiques.

On sait ce que c'est qu'un carnet de chèques. C'est un cahier qui contient un certain nombre de feuilles timbrées par l'État, imprimées au nom d'une maison de banque et dont chacune est séparée en deux parties par un pointillé.

Le possesseur du carnet, le tireur inscrit sur la première partie de chaque feuille une somme, signe, détache cette partie, la remet à un créancier ou bénéficiaire quelconque. Ce dernier se présente à la maison de banque inscrite sur la feuille, touche la somme qui lui est allouée sur les fonds déposés par le signataire et acquitte le chèque au dos.

L'autre partie de la feuille est restée en possession du tireur, à la souche du carnet, en guise de contrôle. Elle s'appelle le talon.

M. de Reinach et son agent, M. Arton, étaient en possession de carnets de chèques. Ils inscrivaient les sommes, détachaient les feuilles et gardaient les talons.

Il a été dit que cent soixante-douze de ces chèques avaient été détachés et donnés à des hommes politiques.

On trouvera les talons de ces chèques soit dans la maison Propper et Cie dont M. de Reinach a été l'associé, soit chez MM. Thierrée, coulissier, 22, rue de la Bourse, avec lequel le baron était en relation d'affaires.

Puis passant à des faits spéciaux l'honorable député déposait en ces termes :

Naturellement, sur les cinq millions qu'il avait touchés, M. de Reinach entendait bien conserver pour lui une part aussi grosse que possible, et quoiqu'il eût conclu avec la Compagnie de Panama ce qu'on appelle un forfait, tout son jeu consistait à mettre en dehors de ce profit des exigences supplémentaires. Aussi, quand il se trouvait en face de ces appétits, qui sortaient de la moyenne qu'il s'était fixée, il se rendait à la Compagnie de Panama. Il voyait MM. Ferdinand de Lesseps, Cottu, Marius Fontane et surtout Charles de Lesseps.

C'est ainsi qu'un jour il alla trouver MM. Ferdinand et Charles de Lesseps et leur exposa l'intérêt qu'il y avait à se concilier les pouvoirs publics au moment de la campagne boulangiste, surtout alors qu'on accusait la Compagnie d'avoir des tendances boulangistes. Il ajouta que les fonds secrets du ministre de l'intérieur étaient épuisés et qu'il fallait 300.000 francs.

M. de Lesseps bondit, et son premier mot qui vous paraîtra peut-être familier entre si importants personnages et devant de si importants événements, fut: « C'est encore une carotte ! »

— Mais non, répliqua M. de Reinach; envoyez M. Arton chez M. Floquet.

MM. de Lesseps pourraient rappeler leurs souvenirs et déposer devant vous sur cette demande du baron de Reinach. Ils pourraient vous dire s'il est à leur connaissance qu'un journal du soir et un journal du matin aient reçu chacun cent mille francs, et que cent mille francs aient été en outre distribués en une seule fois à divers autres personnages, on doit retrouver trace de ce paiement dans les livres de Panama ainsi que les pièces justificatives de ce paiement.

Passant ensuite au chèque de 400.000 francs dont il a parlé dans son discours, M. Delahaye dit que le chèque a été payé à M. Barbe, ancien ministre, président de la société de dynamite, actuellement décédé, dont Arton était le secrétaire, et que le chèque doit se trouver dans le dossier de M. Prinet.

Un chèque de 50.000 francs a aussi été acquitté par un garçon de bureau nommé Davoust : on en trouvera le bénéficiaire. On saura aussi pourquoi 200.000 francs ont été donnés au journal le *Télégraphe*.

L'honorable député s'occupe ensuite de M. Sans-Leroy, qu'il appelle le onzième député.

J'arrive enfin, dit M. Delahaye, au fameux onzième député qui, au vu et au su de tout le monde, lors de l'émission des titres à lots, fit à lui tout seul pencher la balance dans le sens de la Compagnie et qui, après s'être mis à la baisse sur les actions de Panama, parce qu'il avait l'intention de leur porter un coup terrible, retourna tout à coup sa veste et son vote, persuadé par des arguments sonnants, lâcha ses gains de bourse pour un gain plus immédiat et ruina son trop confiant associé.

.Celui-là, il est impossible de ne pas le nommer, puisque tout le monde le désigne, puisque M. Maret l'a fait intervenir dans un entretien non démenti, et puisque son action seule l'indique : c'est M. Sans-Leroy. Vous interrogerez les administrateurs de Panama sur les sorties des sommes qu'il a touchées soit par eux, soit par Arton.

. L'honorable député termine enfin sa déposition par la déclaration suivante :

Je me résume. Par suite de la mort de M. Reinach, qui aurait pu tout vous apprendre, vous avez à suivre les cinq millions et plus qu'il a touchés à la Compagnie de Panama. Vous avez à les prendre à leur sortie des caisses de la Compagnie, à les suivre à leur entrée chez M. de Reinach, soit comme associé de sa maison de banque, soit comme particulier, à les retrouver soit dans la maison de banque, soit dans la succession Reinach, à surveiller leurs transformations en chèques, en vous servant des livres des maisons intéressées et des témoignages des personnes employées, à vous faire représenter les chèques, à en interroger les signataires, à en retrouver les talons.

Quand vous aurez fait ces différentes opérations, vous aurez fait la lumière, et les administrateurs de Panama, qui auront comparu devant la commission, vous paraîtront, comme à moi, peut-être plus dignes de pitié que de colère.

Ces millions, vous seuls pouvez les retrouver. Il faut que vous les retrouviez ; car si vous ne les retrouvez pas, il restera acquis qu'ils ont été distribués. Tous les députés qui faisaient partie de l'ancienne Chambre ont assez témoigné, par leurs manifestations, lorsque j'étais à la tribune, combien ils ont intérêt à ce qu'au lieu de planer sur eux, toutes les suspicions publiques se concentrent sur la tête des véritables coupables.

Il vous faut donc ces cinq millions, sous les formes qu'il a plu aux intéressés de leur donner. Et comme cinq millions, encore une fois, ne disparaissent pas sans laisser de traces, vous les aurez, si vous les voulez avec obstination.

Cette déposition produisit à la commission d'enquête une très vive impression mêlée d'un peu de surprise. On s'attendait à ce que M. Delahaye donnât les noms, tous les noms des députés ou sénateurs qui avaient bénéficié du Panama. Or il n'en nommait que deux ou trois. Mais il indiquait à la Commission la marche qu'elle devait suivre pour arriver à la découverte de la vérité. Cela est si vrai que la Commission suivit, dans ses travaux, la marche qui lui était donnée par l'honorable député d'Indre-et-Loire.

La Commission voulait aussi entendre M. Drumont, le rédacteur en chef de la *Libre Parole*, qui, dans son journal, avait dénoncé des faits fort graves contre certains députés. Mais M. Drumont ne pouvait se rendre devant la commission. Il était en prison à Sainte-Pélagie purgeant une condamnation à trois mois de prison, pour avoir diffamé M. Burdeau, un des ministres compromis, comme on le verra plus tard, dans tous ces scandales.

On envoya chercher M. Drumont en prison par M. Clément commissaire aux délégations judiciaires, avec mission de l'amener à la Chambre. Mais M. Drumont refusa de sortir de prison si on ne lui rendait pas la liberté!

Plusieurs journaux prétendirent alors qu'il fallait accorder la grâce du journaliste, bien qu'il ne la demandât pas. Mais le Ministère, trop heureux d'avoir un prétexte pour empêcher M. Drumont de dire à la Commission d'enquête ce qu'il savait sur le Panama, fit la sourde oreille et le laissa à Sainte-Pélagie ; il y est encore au moment où nous écrivons ces lignes et la Commission d'enquête n'a pu l'entendre.

La Commission continuant son enquête entendait le 27 novembre M. Le Provost de Launay qui lui faisait le récit des tentatives faites auprès de lui par M. Charles de Lesseps et de l'entretien qu'il avait eu avec M. le conseiller Prinet. Dans cette entrevue M. Le Provost de Launay avait parlé des entrepreneurs qui s'étaient fait payer des travaux non exécutés, des journaux qui s'étaient fait remettre des mensualités, des exigences de la haute Banque et notamment du *Crédit Lyonnais* et de la *Société Générale*. Près de 600 personnes auraient ainsi touché de l'argent et en sortant de chez le juge d'instruction avec M. de Lesseps, ce dernier lui aurait dit : « Quand je devrais payer ce que j'ai fait d'un an de prison, je me féliciterais de la lumière qui serait faite sur cette affreuse affaire. »

A une séance suivante M. le conseiller Prinet déposait devant la Commission d'enquête sur l'instruction qu'il avait été chargé de faire sur les affaires du Panama.

C'est en recherchant, dit-il, la justification des 83 millions employés sous la rubrique « frais d'émission ou de publicité » qu'il est arrivé à avoir de fortes présomptions sur certaines tentatives de corruption.

Le dossier comprend à cet égard certaines pièces desquelles résultent ces présomptions; c'est ainsi que deux lettres indiquent des noms de personnes qui auraient été corrompues.

C'est ainsi qu'on a pu soupçonner un ancien ministre de l'agriculture, M. Barbe, d'avoir reçu 400.000 francs en un chèque tiré sur la Banque de France. M. l'expert Flory, chargé de faire des investigations sur ce point, n'a pu cependant l'établir encore d'une manière décisive.

M. Brisson demande à M. Prinet de dire comment a été employée la somme de 83 millions dont il a parlé.

Une partie, 25 millions, répondit-il, a été employée aux frais de publicité; l'autre partie, moins quelques millions, a été dépensée comme commissions aux syndicats de banquiers qui ont placé les titres du Panama.

En ce qui concerne plus particulièrement l'affaire Reinach, M. Prinet a confirmé que des poursuites avaient été ordonnées contre le baron de Reinach, accusé de corruption, et qui, d'après les documents déposés à l'instruction, aurait reçu 10 millions en trois versements, le premier de 5 millions, le second de 3.200 000 fr. et le dernier de 1.800.000 fr. Ces dix millions étaient destinés à diverses distributions dont la justification était des plus difficiles à établir. M. Prinet a eu entre les mains une liste de personnes ayant reçu des sommes au nom de la Compagnie; cette liste, établie d'après les pièces comptables (régies, chèques, bons de caisse) par M. l'expert Flory et par le liquidateur de la Compagnie M. Monchicourt, comprend près de six cents noms, parmi lesquels des noms de membres du Parlement qui appartiennent à la presse et qui sont ainsi désignés comme journalistes.

M. Henri Brisson. — En dehors de cette catégorie de membres du Parlement, y a-t-il d'autres noms de députés et de sénateurs ?

M. Prinet. — Je ne puis vous le dire. Vous le verrez dans le dossier ; il y a un document qui porte des noms.

M. de Ramel. — Dites seulement s'il y en a.

M. Prinet. — Je vous demande à nouveau de ne pas répondre.

M. Brisson. — Revenons alors au cas de M. Reinach. Avez-vous fait faire des perquisitions qui auraient pu éclairer votre religion ?

M. Prinet. — C'est le samedi soir, 19 novembre, à quatre heures, par conséquent la veille de la mort de M. le baron de Reinach, que M. le procureur général Quesnay de Beaurepaire m'a prévenu qu'il envoyait les citations à comparaître aux administrateurs du Panama et à M. de Reinach. A ce moment, je me suis trouvé dessaisi, sans quoi j'aurais pu faire une perquisition chez M. de Reinach. Ce dernier était inculpé comme ayant recélé des fonds détournés par les administrateurs, ce qui en langage juridique s'appelle abus de confiance par dissipation.

Le fait que le juge d'instruction a été dessaisi par M. Quesnay de Beaurepaire, juste au moment où il allait faire une perquisition chez M. de Reinach, fut très remarqué.

M. Prinet avait déjà mandé quelques jours auparavant M. de Reinach dans son cabinet, après avoir acquis la preuve qu'il avait touché en tout 10 millions pour frais de publicité. Il avait ensuite, quelque temps après, envoyé M. Clément, commissaire aux délégations judiciaires, chez M. de Reinach, mais les domestiques affirmèrent que leur maître était absent. A son retour, M. le baron de Reinach avait été interrogé et avait été inculpé à la suite de son interrogatoire.

Interrogé par un membre de la commission, M. Prinet a formellement déclaré que les détails donnés par M. Delahaye sur ce qui se serait passé à l'instruction sont exacts, à peu de choses près. Ceux de M. Le Provost de Launay sont aussi absolument exacts.

A une autre question qui lui était adressée, M. Prinet a

répondu qu'il y avait, en effet, une liste considérable de noms au dossier, — « un petit volume ».

C'est le jour même où la Commission d'enquête entendait M. Prinet, que le ministère tombait pour avoir refusé d'ordonner l'autopsie du baron de Reinach, ainsi que nous l'avons raconté dans le chapitre précédent.

Cependant la Commission d'enquête réclamait la communication du dossier de l'instruction faite par M. Prinet; M. Ricard avait promis de faire cette communication, mais M. Ricard n'était plus ministre et il n'avait aucune chance d'entrer dans la combinaison qui devait remplacer le ministère tombé. Ces pièces seraient-elles communiquées?

M. Quesnay de Beaurepaire, Procureur général à la Cour d'appel s'y opposait.

Dans un remarquable article publié par le *Moniteur universel* dans son numéro du 1er décembre, M. Ferdinand Duval, son directeur, exposait ainsi la situation :

M. le procureur général donne à l'appui de son refus des raisons juridiques.

En d'autres temps, elles auraient pu toucher l'opinion et l'on aurait admis alors que, pour arriver à la découverte de la vérité et à une appréciation impartiale des faits, la justice régulière présentait plus de garanties qu'une commission d'enquête parlementaire. Le public n'a plus aujourd'hui la même confiance dans les tribunaux. Il a tort, nous le voulons bien. Mais le fait est incontestable. A qui la faute, si ce n'est à ceux qui ont épuré la magistrature avec l'intention hautement avouée d'en faire un instrument politique, à l'intervention de l'esprit de parti dans certains procès dont on n'a pas perdu le souvenir, à la partialité trop évidente dont certains parquets ont fait preuve ?

En attendant la solution de son dissentiment avec M. le Procureur général la commission d'enquête continuait à entendre des témoins. MM. de Lesseps, Marius Fontane, ancien secrétaire général de la Société de Panama, et M. Cottu, son administrateur délégué, appelés devant elle ne se présentaient pas et se faisaient excuser, mais elle recevait les dépositions de M. Laguerre racontant qu'Arton lui avait dit :

Qu'il avait été amené au moment de la première élection du Nord, en intermédiaire auprès du gouvernement en faveur de la Société de Panama, et que, pour des besoins politiques il avait versé 300.000 francs ; nous retrouverons plus tard cette somme et l'emploi qui en a été fait.

La Commission demandait enfin que des ordres fussent donnés à M. le conseiller Prinet pour faire un complément d'enquête.

Cette demande toute simple qu'elle fût, ne fut sans doute pas du goût de la magistrature car M. Périvier, premier président, répondit qu'il ne pouvait ordonner un supplément d'enquête parce qu'il était dessaisi et que M. le Procureur général était seul en droit de le faire. De son côté M. le Procureur général écrivait qu'il appartenait à *la cour seule* d'ordonner une enquête. Les deux premiers magistrat de la cour de Paris n'étaient donc pas d'accord et se renvoyaient réciproquement la balle. En fait ils s'entendaient l'un et l'autre pour refuser le supplément d'enquête demandé.

Entre temps l'audition des témoins continuait. M. Rossignol, l'expert chargé par M. Brunet, premier liquidateur de la Société de Panama, de faire un rapport sur cette Société, faisait une déposition fort importante.

Après avoir dit que le rapport qu'il avait remis à M. Brunet concluait à des poursuites contre les administrateurs, mais que celui-ci avait refusé de poursuivre, il continuait en ces termes :

« J'examine la question de l'emploi des fonds ; au 30 juin 1888, il avait été encaissé un milliard sur lequel ont eu lieu les dépenses ci-après :

Travaux de l'isthme, 610 millions ; dépenses d'administration, 100 millions ; charges sociales comprenant intérêts et frais d'émission, 300 millions. (Ces frais d'émission se décomposent ainsi : commission de placement, 20 millions ; publicité, 20 millions ; frais de syndicats de garantie, 36 millions ; soit un total de 76 millions). Aujoutons-y 7 millions pour frais d'impression, ce qui donne la somme de 83 millions.

Je vais examiner successivement, par rapport aux dépenses,

trois chapitres que j'appellerai : commission de placement, frais de publicité, et compte de syndicats.

M. Rossignol déclare que parmi ceux qui ont touché au chapitre de la commission de placement, il a rencontré des noms absolument inconnus. Par exemple, celui d'un M. Hugo Oberndoffer.

« On m'a dit qu'il habitait rue de Messine, et je n'ai jamais pu découvrir ce qu'il était. Ce que je sais, c'est qu'il a touché quatre millions sept cent mille francs. »

M. Clausel de Coussergues montre à M. Rossignol un numéro de la *Libre Parole*, qui contient la liste d'un syndicat de garantie sur lequel figure le nom de cet Hugo Oberndoffer. M. Rossignol reconnaît que les chiffres et les autres renseignements de ce tableau sont exacts.

En ce qui concerne les frais de publicité, M. Rossignol dit que tous les journaux ont touché comme annonces, soit directement, soit par l'intermédiaire des agences de publicité. La liste de ces journaux figure dans le rapport de M. Flory. En dehors des annonces, certains journaux, et non plus tous, ont touché des sommes importantes pour le journal d'abord, et aussi pour le directeur à titre personnel.

Ce qu'il y a de certain, reprend M. Rossignol, c'est qu'il y a des mandats au porteur pour un million.

M. Rossignol examine ensuite la question des syndicats de garantie. Il déclare que les frais qui figurent à ce chapitre n'étaient justifiés par rien.

Cette séance du 1ᵉʳ décembre, devait être marquée par un événement décisif qui donnait à l'enquête une base sérieuse pour continuer son œuvre.

Une partie des chèques était enfin retrouvée. 26 chèques formant en tout une somme de 3.390.000 francs étaient en la possession d'un banquier nommé Thierrée en relations d'affaires avec M. de Reinach dont M. Delahaye avait prononcé le nom dans sa déposition.

M. Thierrée déclarait en effet à la commission d'enquête :

« Le 17 juillet 1888, M. de Reinach m'apporta un chèque de 3.390.000 francs sur la Banque de France, et me demanda en échange vingt-six chèques au porteur sur la Banque de France également.

« Les chèques nous ont été renvoyés par la Banque, mais nous avons scrupule à nous en dessaisir. Il nous semble que nous ne pouvons les remettre qu'à la justice ordinaire. La Banque de France est le seul établissement qui rende les chèques à ceux qui les ont tirés. Le chèque de trois millions 390.000 francs a dû revenir au Panama qui l'avait tiré. Nous avons tenu à faire la lumière, et nos livres sont à la disposition de la commission, mais nous nous refusons à communiquer les chèques. Nous ne pouvons révéler les noms des porteurs de chèques qui ne touchent en rien ni la maison Propper ni la maison Kohn-Reinach. Nous n'avons pas le droit de compromettre des tiers. »

M. Thierrée prend l'engagement de conserver les chèques, il refuse de montrer ces chèques à une délégation de la commission. Il déclare ne pas vouloir donner de détails sur eux.

M. Thierrée en avait dit assez, on allait donc enfin avoir une preuve matérielle de la corruption dont M. de Reinach avait été un des agents ; mais dès les premiers pas on se heurtait à une difficulté. M. Thierrée refusait de livrer les chèques. La commission suspendit immédiatement sa séance pour prendre un parti sur la situation bizarre dans laquelle elle se trouvait, en face de ce témoin qui refusait de livrer la preuve du délit qu'il avait entre les mains.

La commission délibéra alors sur les meilleurs moyens d'arriver à connaître les signataires des fameux chèques. La crainte de voir les magistrats mettre la main sur ces documents précieux et les faire disparaître était visiblement dans l'esprit de tous les commissaires. Elle est édifiante et ne fait guère honneur aux représentants actuels de la justice.

C'est dans cet ordre d'idées qu'un des membres de la commission pouvait dire :

« Nous ne sommes pas suivis dans nos investigations par la magistrature. Nous ne reverrons plus les chèques ; ils sont aussi en sûreté chez M. Thierrée. »

On fit rentrer M. Thierrée et on lui annonça que trois députés, membres de la commission, allaient l'accompagner chez lui pour relever les numéros des chèques.

La commission d'enquête devait avoir à surmonter bien des

difficultés pour obtenir d'abord les chèques et plus tard les talons de ces chèques. Elle allait se heurter à chaque instant contre la mauvaise volonté de la magistrature et du gouvernement.

CHAPITRE V

LES CHÈQUES

La question dont avait à s'occuper avant tout la Commission était celle des chèques. Il fallait retrouver les pièces essentielles qui devaient servir de base à une partie de l'enquête, mais à qui s'adresser pour arriver à ce résultat? Le ministère Loubet était par terre, et depuis quelques jours déjà, des efforts infructueux étaient faits pour reconstituer un cabinet. M. Brisson, le président de la Commission d'enquête, semblait tout destiné à mener à bien cette entreprise, mais M. Brisson n'avait pas réussi. Il s'était heurté à de nombreuses résistances et on lui avait fait remarquer particulièrement que, dans le vote qui avait renversé le cabinet précédent, 195 voix républicaines avaient voté pour le ministère, et montré ainsi leur intention d'enterrer définitivement la Commission d'enquête, qui venait de naître; que ces voix lui seraient hostiles et qu'il ne pourrait gouverner qu'avec la droite et l'extrême gauche. M. Brisson s'était retiré.

M. Carnot avait alors chargé M. Casimir Périer de faire un ministère et celui-ci paraissait ne pas devoir réussir mieux que M. Brisson.

C'est donc à l'ancien garde des sceaux, qui continuait à remplir ses fonctions jusqu'à la nomination de son successeur, que la Commission s'adressa pour se faire livrer les chèques qui étaient en la possession de M. Thierrée.

Quant à la Presse républicaine, elle continuait à jeter des bâtons dans les roues de la Commission, elle adjurait le gouvernement, quand il y en aurait un, d'en finir avec cette affaire de Panama si désastreuse pour le parti républicain au pouvoir, et le *Temps* constatait : « que la presque unanimité des journaux républicains, à mesure que l'enquête donnait plus de résultats, paraissait de plus en plus pressée de l'étouffer. »

Le parti opportuno-radical, qui nous gouverne depuis quinze ans, se sentait mortellement atteint et s'efforçait par les journaux à la dévotion, de se sauver et de sauver ses chefs tous plus ou moins compromis dans les scandales du Panama. Aussi un journal du soir pouvait dire avec raison :

Nous assistons depuis deux jours à une levée de boucliers contre la Commission d'enquête du Panama. La presse, la finance, le parquet, le Sénat, et bien d'autres influences encore semblent s'être donné pour mot d'ordre d'arrêter son œuvre et de l'empêcher d'atteindre le but qu'elle a proposé à ses investigations.

M. le ministre de la justice avait cependant transmis à M. le Procureur général la demande de la Commission d'enquête tendant à la saisie des chèques de M. Thierrée. M. Quesnay de Beaurepaire répondit qu'il était dessaisi.

Il conseillait de faire saisir les chèques Thierrée par voie administrative.

En attendant la solution de toutes ces difficultés voulues, la Commission d'enquête entendait les membres de la Commission de la Chambre chargée de faire le rapport sur le projet d'emprunt à lots en 1888.

M. Salis, ancien membre de cette Commission, faisait le récit de la conversion inexplicable de M. Sans-Leroy et des explications qui furent demandées à M. Baïhaut sur la publication du rapport Rousseau dans le journal *le Temps*.

La déposition de M. Chantagrel, qui succéda devant la Commission à M. Salis, fut encore plus importante.

— Des offres d'argent, dit-il, ont été faites à des membres du Parlement et refusées par eux.

Une personne que je désigne par la lettre S, m'offrit cent mille francs. Je refusai sans précautions oratoires. J'appris que les pouvoirs de mon interlocuteur allaient jusqu'à 300.000 francs, et même au delà, sauf à en référer à M. de Lesseps.

M. Chantagrel a nommé plus tard cet interlocuteur, c'était un M. Saligou, habitant Asnières, un ami d'Arton.

L'honorable député raconta ensuite la stupéfaction de la Commission lorsqu'elle apprit que M. Sans-Leroy, changeant d'avis, la majorité se prononçait en faveur de l'emprunt.

M. Sans-Leroy avait vendu son vote 200.000 francs. Nous verrons plus tard dans quelles conditions absolument scandaleuses cette somme lui avait été remise.

Après ces dépositions qui expliquaient d'une façon si précise comment on avait trouvé, dans la Commission parlementaire, une majorité en faveur de l'emprunt, les commissaires enquêteurs recevaient la déposition fort importante de M. Antonin Proust. Le député des Deux-Sèvres, accusé d'avoir touché dans les émissions de Panama, était forcé de reconnaître qu'il avait reçu ainsi 20.000 francs. Il se bornait à dire pour sa défense :

Je soutiens que toute personne a le droit de prendre part aux syndicats d'émission. C'est une opération aléatoire. J'ai versé à M. de Reinach ma part dans les avances faites par le syndicat. En 1888, M. de Reinach m'a donné une participation de 2.500 obligations. J'étais à Copenhague au moment de l'émission, et mes amis sachant que j'avais perdu une partie de mon patrimoine, en parlèrent à M. de Reinach qui m'inscrivit dans son syndicat sans me consulter. J'ai eu pour ma participation 20.000 francs que j'ai touchés par chèques.

C'était, comme on le voit, un aveu complet, car il ne suffit pas d'aller à Copenhague pour qu'au retour un monsieur quelconque vous fasse un petit cadeau de 20.000 francs. En admettant le système de M. Proust, ancien secrétaire général des Beaux-Arts, commissaire général de la France à l'exposition de Chicago, il aurait dû aller à Pékin, il aurait touché 100.000 francs !

Un de nos amis qui suivait autant que cela était possible les séances de la Commission d'enquête nous faisait part d'une remarque assez piquante. Il nous disait : « On ne voyait entrer dans le bureau de la Commission d'enquête que des messieurs décorés. » Tous ces corrompus, tous ces banquiers, tous ces députés toucheurs de chèques étaient constellés de décorations.. Sur quelles poitrines nos ministres attachaient ce ruban rouge, cette croix d'honneur que nos soldats ou nos officiers ont tant de fois payé de leur sang ! Wilson vendait la Légion d'honneur dans le palais de l'Elysée où il avait ouvert boutique sous l'œil paternel du président Grévy, nos ministres se contentaient de prostituer l'étoile des braves à des politiciens sans honneur.

Toutes ces révélations successives avaient produit, à la Chambre et dans le public, l'émotion la plus vive. On commençait à comprendre que tous les rouages du gouvernement étaient pourris, et que, si la lumière était faite complètement, il y aurait peu de députés, dit ministériels, qui ne fussent convaincus de malversations quelconques. A la même date un journaliste de talent, M. Sarcey, écrivait mélancoliquement dans un journal républicain cet aveu étonnant de naïveté :

« Le malheur, c'est que la République sera éclaboussée tout entière. Vous ne sauriez croire combien je suis triste ! Tous les gens que nous *estimions* et *aimions*, qui vont se trouver compromis ? Quelle misère ! *Oh ! qu'il fait bon avoir les mains nettes !* »

CHAPITRE VI

LES TOUCHEURS DE CHÈQUES

La Commission d'enquête devait enfin, le 4 décembre, entrer en possession des chèques de la banque Thierrée. Ces chèques lui étaient remis par M. Clément, commissaire aux délégations judiciaires. La commission après quelques hésitalions finit par communiquer à la presse cette liste. Ce n'est que plus tard, le 21 décembre, que M. Andrieux, complétant cette liste par une note qu'il disait tenir de M. Cornélius Herz, donna non seulement le chiffre de chacun des chèques touchés, mais encore les noms des signataires et de leurs *bénéficiaires*.

Un mois plus tard, un employé de la maison Propper, ancienne maison Reinach, reconnaissait que c'était lui qui, sous la dictée de M. de Reinach, avait écrit cette note qu'il avait portée sur l'ordre de M. de Reinach chez M. Clémenceau.

Voici le texte de cette note si importante :

« Chèque de 20.000 fr., touché par M. Arène, député, acquitté par M. Orsatti, son secrétaire.

« Chèque de 20.000 fr., touché par M. Devès, sénateur, acquitté par M. Castelbon, son secrétaire.

« Chèque de 550.000 fr., touché par M. Barbe, ancien ministre décédé, acquitté par M. Chevillard, son secrétaire.

« Chèque de 20.000 fr., touché par M. Albert Grévy, sénateur, acquitté par lui-même.

« Chèque de 20.000 fr., touché par M. Jules Roche, député, acquitté par M. Schmidt, son employé.

« Chèque de 25.000 fr. touché par M. Dugué de la Fauconnerie, député, acquitté par son employé.

« Chèque de 20.000 fr., touché par M. Aigoin, pour le compte de M. Floquet, député.

« Chèque de 10.000 fr. touché par M. Rouvier, ancien ministre, acquitté par M. Vlasto.

« Chèque de 80.000 fr. touché par M. Cloëtat, employé de la maison Cahen d'Anvers, pour le compte de M. X... (*Ici le nom a été coupé par M. Andrieux*) et quatre autres députés dont les noms peuvent être retrouvés et parmi lesquels figure un personnage influent.

« Chèque de 10.000 fr., touché par M. Pesson, ancien député, décédé, acquitté par M. Favre, garçon de recette.

« Chèque de 50.000 fr., touché par M. Rouvier, acquitté par un garçon de recette du Crédit mobilier, dont M. Vlasto était président.

« Chèque de 25.000 fr., touché par M. Léon Renault, sénateur.

« Chèque de 20.000 fr., touché pas M. Gobron, ancien député, acquitté par M. Praslon, son banquier.

« Chèque de 20.000 fr., touché par M. Antonin Proust, député, acquitté par Buster, son domestique (13.725 fr., ont été mis à son compte à la Banque de Niort, 6.275 fr. ont été touchés à Paris.

« Chèque de 40.000 fr., touché par M. Béral, sénateur, acquitté par M. Audinger, son employé.

« Chèque de 25.000 fr., touché par M. Thévenet, sénateur, ancien ministre, acquitté par M. Dupuy.

« 1.340.000 fr. touchés en divers chèques, aux mêmes époques, par M. Arton, et distribués à 104 députés dont il peut fournir la liste et qui ont reçu des sommes variant de 1.000 fr. à 300.000 fr. (ce dernier chiffre pour M. Sans-Leroy, ancien député), il faut aussi y comprendre M. Henry Maret, député, et M. Le Guay, ancien sénateur. »

Les chèques trouvés chez M. Thierrée ne portaient que la somme reçue et le nom de celui qui avait donné quittance ; or, on le voit par la note elle-même, aucun des bénéficiaires, sauf deux, n'avaient eux-mêmes acquitté le chèque qu'ils avaient reçus. Ils avaient préféré se dissimuler derrière des inconnus qu'ils avaient envoyés toucher en leur lieu et place.

Les deux hommes politiques qui avaient signé eux-mêmes sont, on l'a vu, MM. Albert Grévy et Léon Renault ; ils sont assez connus. L'un est frère de l'ancien Président de la République, il a été gouverneur général de l'Algérie, il est sénateur ; l'autre, qui est également sénateur, a été préfet de police.

Divers avis furent alors ouverts dans la Commission. Après discussion il fut résolu qu'on appellerait tous les signataires.

En attendant on recevait les dépositions de M. Baïhaut, ancien ministre des travaux publics, qui déclarait bien haut qu'il était resté étranger à l'affaire du Panama, ainsi qu'à la publication du rapport de M. Rousseau.

La République alors admirait ses vertus...

et M. Baïhaut sortait triomphalement. Un mois après il devait quitter moins brillamment le cabinet de M. le juge d'instruction.

M. Granet, ancien ministre des postes et télégraphes, pro-

testait également contre la déposition faite contre lui par
M. Martin.

Enfin M. Léon Renault, le signataire d'un des chèques saisis,
venait faire à la Commission la déclaration que voici :

« Je connais M. le baron de Reinach depuis longtemps. Il vint
un jour me voir et me consulter comme avocat. Je me plaignis à
lui des pertes que j'avais faites dans une Société de Bellevue,
dont j'avais souscrit 240 actions, et cela, par son fait. Je repro-
chai à M. de Reinach cette perte qui s'élevait à 58.000 francs.

« Il me dit : — Je vais atténuer cette perte. J'ai une part dans
le syndicat de garantie d'émission des valeurs à lots; je suis disposé à vous comprendre dans cette part. — Je ne déclinai pas
cette offre qui réparait un préjudice subi par son fait. M. de Reinach m'écrivit ensuite qu'il m'avait compris dans la participation.

« Une seconde lettre m'apprit que j'avais réalisé de ce fait un
gain de 25.000 francs. Dans cette lettre se trouvait un chèque de
20.000 francs et dans la même journée un second chèque de
5.000 francs complétait le premier. »

— Quelle est la date du discours favorable à l'émission des
valeurs à lots que vous avez prononcé, demandait un membre de
la Commission?

— Le 8 juin.

— Avez-vous versé les 2 fr. 50 par titre, comme plusieurs de
vos collègues du syndicat?

— Non, je n'ai rien versé.

Cette déposition était un aveu. Car M. Léon Renault n'expliquait pas pour quelle cause le baron de Reinach lui avait
fait ce petit cadeau de 25.000 francs, et les motifs qu'il allé-
guait pour justifier cette libéralité du banquier juif ne
devaient persuader ni la Commission d'enquête, ni le pays, ni,
surtout, M. le juge d'instruction.

Ce jour-là encore, la Commission d'enquête n'avait pas
perdu son temps.

Le lendemain, de nombreuses lettres arrivaient à la Commission d'enquête. Elles émanaient de diverses personnes
dont les noms étaient inscrits sur les chèques et qui deman-
daient à être entendues.

L'un des chèques, d'une valeur de 25.000 francs, portait

l'acquit de M. Jeanin, agent de change; M. Dugué de la Fauconnerie, député, reconnut aussitôt, dans une lettre qu'il adressa au journal *l'Eclair*, qu'il était le bénéficiaire du chèque touché par M. Jeanin, son beau-frère. Il déclarait qu'il croyait n'avoir fait en recevant cet argent rien que de parfaitement licite et racontait comment cette somme lui avait été offerte.

Et alors M. Dugué de la Fauconnerie expliquait qu'ayant rencontré un jour dans le parc Monceau M. de Reinach, celui-ci lui avait offert de faire partie « d'une sorte de sous-syndicat » de participation dans les obligations de Panama. M. Dugué de la Fauconnerie refusa d'abord cette offre, alléguant qu'il « voulait garder tout entière, dit-il, la liberté de ses allures ». *Mais M. de Reinach insista* et M. Dugué de la Fauconnerie se laissa convaincre et toucha les 25.000 francs en question, sans cependant avoir versé au préalable les 6 ou 7.000 francs qu'il avait pris l'engagement de verser.

Quoi de plus simple. « Et cependant, s'écrie douloureusement M. Dugué, on va dire demain que je me suis laissé corrompre par la Compagnie de Panama! »

Si M. Dugué de la Fauconnerie avait voulu empêcher ses électeurs de prendre des obligations de Panama, il eût été plus simple de ne point voter l'emprunt ; mais on ne saurait penser à tout, et le fait de se promener dans le parc Monceau est insuffisant pour justifier l'offre et l'acceptation d'un chèque de 25.000 francs.

Heureux temps que celui où il suffisait de revenir de Copenhague comme M. Proust. ou de se promener dans un jardin public, comme M. Dugué de la Fauconnerie, pour qu'un monsieur vînt aussitôt vous offrir de vous faire cadeau de 25.000 francs. Il est vrai que cet accident agréable n'arrivait généralement qu'à des députés et des sénateurs.

A la même date, la *Libre Parole* publiait un interview de M. Armengaud, dont la femme divorcée a épousé, il y a quelques années, M. Baïhaut, l'ancien ministre. On sait que le gouvernement avait envoyé un ingénieur, M. Rousseau, à Panama.

A ce sujet M. Armengaud disait au reporter qui l'interrogeait :

Lorsque M. Baïhaut reçut le rapport de M. Rousseau, il déclara qu'il le tenait secret, tellement il trouvait graves les conclusions du rapport qui étaient absolument défavorables.

« Si le rapport était connu, a-t-il dit à plusieurs personnes, ce serait l'abandon de l'entreprise et la ruine des actionnaires de Panama. »

Lui-même m'a dit à plusieurs reprises que M. de Lesseps, presque les larmes aux yeux, l'avait supplié de ne pas laisser publier le rapport Rousseau.

Sa maison de la rue Monchanin n° 12, ne désemplissait pas d'hommes de finance, parmi lesquels un ancien banquier de Lyon, nommé Blandin, qui a été son homme de paille.

On verra plus tard quel rôle a joué M. Blandin dans l'affaire du Panama. La divulgation de ce nom devait déterminer la perte de M. Baïhaut.

A la même date, 7 décembre, le ministère était enfin reconstitué. Ce n'était pas un ministère neuf, c'était un ministère retapé ; et nous verrons par la suite qu'il eut encore besoin de raccommodages nombreux. M. Loubet prenait le ministère de l'intérieur, M. Bourgeois la justice.

La Commission d'enquête continuait ses travaux et recevait les explications de M. Albert Grévy, sur le chèque qu'il avait touché. Voici la déclaration que faisait le frère de l'ancien président de la République :

« J'ai touché moi-même ouvertement la somme à la Banque de France.

J'étais conseil judiciaire du baron de Reinach et de grosses Compagnies financières dont il était membre actif. En 1888, j'ai rencontré un jour M. de Reinach sur la place de l'Opéra ; il allait à la Compagnie de Panama. Il me proposa de m'intéresser dans l'affaire. « Je veux, me dit-il, que vous ayez votre petite part dans les bénéfices que j'y aurai. » Je trouvai cette proposition naturelle, car étant son conseil judiciaire, je n'avais jamais demandé d'honoraires ; aussi j'acceptai. Quelques semaines après, je reçus le chèque accompagné d'un mot aimable. Je ne crois pas que mon nom soit sur une liste de syndicataires.

Ah! il faisait bon à cette époque, de rencontrer M. de Reinach soit au Parc Monceau soit place de l'Opéra, le diable
d'homme avait les poches pleines de chèques, et il vous offrait
25.000 fr., comme s'il vous eût dit : Voulez-vous prendre un
bock?

Et les sénateurs les plus malins comme M. Albert Grévy
s'y laissaient prendre.

A la même séance M. Hébrard, sénateur, rédacteur en chef
du journal *le Temps*, venait s'expliquer sur deux griefs; on
l'accusait d'avoir publié le rapport Rousseau et on lui demandait comment il avait pu se procurer le document. On l'interrogeait aussi sur une somme de 1.600.000 fr. — je dis bien
seize cent mille francs, — qu'il avait reçue de M. Eiffel.

A la première demande, M. Hébrard répondait que le rapport Rousseau lui avait été apporté par ses informateurs ordinaires, qu'une enquête judiciaire avait bien été ouverte sur
cette publication mais qu'elle avait été close immédiatement.
(Quel magistrat eût osé poursuivre un haut et puissant seigneur comme M. Hébrard!)

Sur la seconde question, M. Hébrard d...ait qu'il s'était toujours occupé d'affaires, qu'il avait eu d'abord une participation sur les travaux de Panama, participation qui lui avait été
rachetée par M. Eiffel moyennant une commission de 5 0/0,
qui avait produit 1.600.000 fr. Il reconnaissait, du reste, qu'il
n'avait fourni aucun capital. Un membre de la Commission
lui demandait alors : « De quelle somme eût été votre participation? » M. Hebrard répondait: de 500.000 fr. « Et c'est pour
renoncer à cette participation de 500.000 fr., qu'on vous donnait 1.600.000 fr., » répliquait un autre membre. Moins nettes
que les déclarations des autres membres de la Chambre ou du
Sénat également compromis, les allégations de M. Hebrard
n'étaient pas plus satisfaisantes, et il était curieux d'entendre
les explications confuses du directeur du grand journal protestant le *Temps* dont le puritanisme est si connu.

Le lendemain la Commission d'enquête prenait la résolution
de demander au nouveau ministère: 1° l'autopsie du baron de

Reinach ; 2° la saisie de ses papiers ; 3° la communication des dossiers judiciaires. Elle recevait ensuite une déposition fort importante, celle de M. Rondeleux, ancien député de l'Allier, qui avait été nommé rapporteur de la Commission parlementaire sur l'emprunt de Panama, lorsque la Commission était défavorable au projet.

Je donnai lecture de mon rapport à la Commission après les vacances de Pâques, dit-il, mais il fut alors rejeté par six voix contre cinq, et M. Henry Maret fut désigné comme rapporteur à ma place.

Je me rappelle que M. Sans-Leroy, auparavant hostile, me déclara que ses électeurs lui avaient demandé de voter le projet.

M. de Villebois-Mareuil. — Quelle impression produisit sur la commission la lecture du rapport Rousseau ?

M. Rondeleux. — Très défavorable au projet.

Cette déposition venait confirmer tous les faits déjà relevés contre M. Sans-Leroy.

Le même jour, le journal *l'Intransigeant* publiait un interview de M. Chevillard, signataire de cinq chèques.

Cet ancien officier racontait qu'employé chez un banquier, M. Vian, il avait été conduit par M. Barbe, ancien ministre, à la Banque de France où il avait signé et touché pour lui des chèques pour une somme de 550.000 francs, qu'il avait remise à M. Barbe.

Ces chèques provenaient de la société de Panama.

Quelques jours après, M. Chevillard renouvelait cette déposition importante devant la Commission d'enquête.

Le nouveau ministère venait en même temps de faire à la Chambre une déclaration. Il s'engageait à faire faire l'autopsie du baron de Reinach et à communiquer à la Commission d'enquête le dossier de l'affaire du Panama.

M. Bourgeois, dans cette séance du 9 décembre, n'avait pas l'intention de tenir toutes ses promesses. Il est vrai qu'il savait en agissant ainsi, qu'il répondait à l'espoir secret de la Chambre. Cette promesse de communication avait immédiatement pour résultat la démission de M. le Procureur général

Quesnay de Beaurepaire. Le signataire du réquisitoire de la Haute Cour, pris d'un scrupule de conscience, refusait de communiquer le dossier qui pouvait être compromettant pour ses amis opportunistes. Il se retirait. Mais on lui devait une compensation et le ministre, pour le récompenser de n'avoir pas voulu obéir à ses ordres lui donnait de l'avancement. Il était nommé président de chambre à la Cour de cassation.

Les chats, dit-on, tombent toujours sur leurs pattes. Les chats-fourrés de la magistrature épurée ne sont pas moins adroits.

La Commission d'enquête reprenant ses travaux, recevait la déposition d'un M. Hugo Oberndoffer, encore un juif allemand, qui, lui, a touché de la caisse du Panama la somme énorme de :

Quatre millions six cent quarante-neuf mille huit cent quarante-deux francs cinquante centimes.

Ces cinquante centimes sont une trouvaille !

— Comment, lui dit le président de la Commission, avez-vous reçu cet argent et pour quels motifs vous le donnait-on ?

M. Hugo répondait que cette somme devait se diviser en deux fractions; qu'il avait reçu une première fois 2.049.842 fr. 50 pour prix du service qu'il avait rendu à la Compagnie en lui apportant la combinaison de l'emprunt à lots.

Quant à la seconde somme de 2.600.000 francs, elle représentait sa part dans le syndicat de répartition.

— Et qu'avez-vous fait de cet argent? lui demande un membre de la Commission.

— J'en ai fait l'emploi qui m'a convenu, répond le banquier. Et puis il y a cinq ans de cela et j'ai pu l'oublier.

Pauvres souscripteurs de Panama, c'était pour donner 4 millions à M. Hugo Oberndofer que vous apportiez vos économies à la caisse du Panama. Et quel service vous rendait cet homme en échange de la somme énorme qu'il encaissait?... Aucun. Il se vantait seulement d'avoir fourni aux administrateurs de Panama les moyens de vous leurrer. On croit rêver en voyant de tels gaspillages ! Par la force même des choses, sous l'impulsion irrésistible de l'opinion publique, l'enquête faisait chaque jour, aidée par la presse, un pas nouveau.

Le *Figaro*, dans son numéro du 12 décembre, publiait une biographie d'un des personnages les plus compromis dans l'affaire de Panama, le Dr Cornélius Herz dont nous aurons à parler. Puis, continuant ses révélations, ce journal faisait le récit de la dernière journée du baron de Reinach dans les termes que voici :

Le 19 novembre, veille de sa mort, le baron de Reinach a passé la majeure partie de sa journée avec M. Cornélius Herz et M. Clémenceau, qu'accompagnait M. Rouvier. C'est avec eux que le baron a discuté pour la dernière fois de ses intérêts et de son procès ; c'est quelques instants après les avoir quittés qu'il est rentré à l'hôtel de la rue Murillo et qu'il est mort ; enfin, le soir même où cette mort fut connue, le 20, à 3 heures, le Dr Cornélius Herz partait pour Londres par le club-train.

M. Clémenceau, mis en cause par cet article, ne pouvait plus garder le silence. Aussi le lendemain publiait-il, dans son journal *la Justice*, une « réponse », dont nous reproduisons la partie la plus saillante :

Voici la vérité, écrivait le leader de la gauche radicale :
Vers quatre heures, M. Rouvier m'a abordé dans la salle Casimir-Périer et m'a dit qu'il s'était présenté chez moi une heure auparavant. Il m'a fait connaître que M. le baron de Reinach était affolé par la campagne qu'on menait contre lui ; qu'il était venu lui déclarer qu'il fallait à tout prix faire cesser les attaques de certains journaux, que c'était pour lui une question de vie ou de mort.
Il n'y avait qu'un moyen d'obtenir ce résultat, — avait dit M. de Reinach, — c'est que M. Rouvier voulût bien l'accompagner chez M. Cornélius Herz pour joindre ses instances aux siennes. Il affirmait que M. Herz pouvait mettre en jeu certaines influences et faire cesser ces attaques. M. Rouvier me dit alors qu'il voulait bien, mais qu'il ne pouvait faire la visite que s'il y avait un témoin. Il me demanda d'être ce témoin. J'acceptai.

A sept heures, j'arrivai chez M. Herz, où MM. de Reinach et Rouvier arrivèrent presque en même temps. La conversation ne dura pas dix minutes, car, dès les premières paroles, M. Herz déclara qu'il était hors d'état de rendre le service qu'on lui demandait.

M. de Reinach écouta ces paroles presque sans mot dire et, se tournant vers moi, me supplia de l'accompagner immédiatement chez M. Constans qui — au dire de certains journaux — pouvait avoir de l'influence sur une des personnes qui l'attaquaient. Je consentis.

Une demi-heure après, nous étions rue des Ecuries-d'Artois. M. Constans manifesta son étonnement à M. de Reinach et nous déclara, avec une extrême énergie, qu'il n'avait aucune action directe ou indirecte sur les personnes qui menaient cette campagne. Cinq minutes après, nous quittions M. Constans. Dans la rue, je me séparai de M. de Reinach. Il me dit : « Je suis perdu. »

Je ne l'ai plus revu.

G. CLÉMENCEAU.

Ainsi, l'homme qui avait entrepris à forfait de faire réussir près de nos honorables députés l'émission de l'emprunt de 1888, leur corrupteur patenté, le baron de Reinach en un mot, avait passé les dernières heures de sa vie avec M. Clémenceau, le chef du parti radical de la Chambre, et M. Rouvier, le ministre opportuniste des finances, à supplier un Allemand le Dr Cornélius Herz, grand officier de la Légion d'honneur par la volonté de M. de Freycinet !

Par quels liens tous ces hommes étaient-ils unis? le saura-t-on jamais? Connaîtra-t-on un jour ce qui s'est passé, ce qui s'est dit dans cette conférence suprême ? Que d'inconnu encore à dégager dans toute cette mystérieuse affaire !

M. ROUVIER

Si ceux qui m'interrogent avaient été défendus
autrement, ils ne seraient pas ici.

CHAPITRE VII

LES AVEUX

Cette promenade de MM. Rouvier et Clémenceau avec
M. de Reinach, rendait impossible le maintien de M. Rouvier
à la tête du ministère des finances. Lorsqu'il avait constitué
son cabinet M. Ribot avait dit fièrement :

« Je me suis assuré que tous les membres du cabinet nouveau
sont inattaquables dans l'affaire du Panama. Si cependant il était
démontré que je me suis trompé, je n'hésiterais pas à couper le
câble. »

Il fallait couper la corde et, pour nous servir d'une gracieuse
expression parlementaire, « débarquer » M. Rouvier. Celui-ci,

en effet, donna sa démission et fut remplacé par M. Tirard. Le gouvernement, comme un navire en détresse, avait beau jeter du lest par dessus bord, il s'enfonçait peu à peu dans la boue du Panama.

Un autre grand personnage républicain était aussi en ce moment violemment attaqué. On disait, on écrivait partout, que M. Floquet, président de la Chambre, avait, en 1888 étant ministre de l'intérieur, et d'accord avec son sous-secrétaire d'Etat, M. Bourgeois, disposé en faveur de sa politique d'une somme de 300.000 fr., provenant de la Société du Panama.

Enfin, M. de Freycinet sommé dans la séance du 16 décembre de s'expliquer sur la nomination de Cornélius Herz comme grand officier de la Légion d'honneur, disait qu'il avait été décoré comme savant. Il oubliait qu'au moment de cette nomination une autre explication avait été donnée et que, dans un rapport, M. Émile Brousse, député, avait déclaré que Cornélius Herz avait été décoré sur la proposition du ministère des affaires étrangères, au titre étranger, pour des motifs diplomatiques.

Cette histoire de savants nous fait l'effet d'une histoire de brigands, disait la *Libre Parole*.

Quelques jours après, M. Bertrand le savant, accusé d'avoir demandé la croix de grand officier pour Cornélius Herz, niait formellement avoir fait aucune démarche en sa faveur.

Qu'était donc ce Cornélius Herz, l'ami intime de tous les ministres, cet homme que MM. Clémenceau et Rouvier étaient venus prier en faveur du baron de Reinach? Un aventurier, ancien médecin à Chicago, naturalisé Américain, et venu en France pendant la guerre. Il s'était ensuite occupé de télégraphie, de téléphonie. Il avait même manqué d'obtenir la concession de tous les téléphones de France! Lui un Allemand mêlé à toutes les affaires véreuses il avait fait une grande fortune dont il avait consacré une partie à soutenir le parti radical. Ami de M. Clémenceau il avait commandité son journal *la Justice*. Il y avait dépensé 200.000 francs, disait M. Clémenceau, 2 millions disaient d'autres personnes. Il était devenu plus puissant que les ministres et M. de Freycinet lors de la chute de M. Grévy lui avait demandé son concours, sa protection pour être nommé président de la République ! Le matin de la mort du baron de Reinach le D' Cornélius Herz était parti pour l'Angleterre.

Le 16 décembre la Chambre devait statuer sur la proposition de M. Pourquery de Boisserin, tendant, on s'en souvient, à déléguer à la commission d'enquête les pouvoirs judiciaires. Le ministre de la justice avait promis à la commission son concours le plus actif et le plus loyal ; mais refusait au nom du cabinet d'accepter la proposition. D'un autre côté M. Brisson au nom de la commission demandait qu'elle fût votée. Le ministère ayant posé la question de confiance devant la Chambre. la proposition fut rejetée par 271 voix contre 265. Le ministère avait une majorité de 6 voix. Il est vrai que 8 ministres avaient voté contre la proposition. Le ministère était donc en réalité en minorité de *deux* voix.

Nous regrettons de ne pouvoir donner ici, faute de place, le nom des députés qui ont refusé à la commission les pouvoirs dont elle avait besoin pour poursuivre son œuvre. La lecture de cette liste serait instructive.

Le ministère néanmoins se sentait atteint profondément. Il aurait dû devant un tel vote se retirer ; il préféra donner à l'opinion publique un commencement de satisfaction. Des poursuites furent ordonnées contre les corrupteurs et les corrompus ; M. Franqueville, juge, fut chargé de l'instruction, et le même jour il faisait procéder à l'arrestation de MM. Charles de Lesseps, Marius Fontane et Sans-Leroy. M. Cottu contre lequel un mandat avait été également délivré et qui était absent de Paris, vint quelques jours après se constituer prisonnier et fut comme les autres prévenus incarcéré à Mazas. Des perquisitions furent faites chez toutes les personnes poursuivies, mais elles n'amenèrent aucun résultat. Depuis plus d'un mois les prévenus avaient pu prendre leurs précautions et à la grande joie du ministère on ne trouva rien de compromettant chez eux.

Le rejet de la proposition Pourquery de Boisserin avait réveillé toutes les espérances des toucheurs de chèques de la Chambre, leur joie était vive. Elle devait être courte. M. Thierrée le banquier qui avait donné les chèques et qui refusait toujours de remettre les talons venait enfin de les livrer à la Commission. Les talons portaient des initiales indiquant d'une façon presque sûre les noms des bénéficiaires, les annotations étaient de la main de Reinach. Leur authenticité n'était donc pas douteuse, et de nombreux députés et sénateurs se trouvèrent gravement compromis.

A quel parti le gouvernement allait-il se résoudre? Il crut encore pouvoir faire la part du feu.

Le 20 décembre il demanda à la Chambre et au Sénat d'autoriser des poursuites contre cinq députés et cinq sénateurs; pour ne point faire de jaloux on demandait à chacune des Chambres de sacrifier un nombre égal de ses membres.

Les cinq députés étaient MM. Rouvier, Arène, Proust, Jules Roche et Duguè de la Fauconnerie; les cinq sénateurs : MM. Béral, Albert Grévy, Léon Renault, Devès et Thévenet. Toute la fine fleur, on le voit, du parti opportuno-radical; cinq des prévenus avaient été ministres. Bientôt il fallait ajouter à ce nombre M. Baïhaut, également ancien ministre, et M. Sans-Leroy, ancien député. Les poursuites furent votées.

A la reprise de la séance M. Arène protesta de son innocence, puis M. Rouvier monta à la tribune. Voici la partie la plus importante de son discours.

Il y a quelques jours, je siégeais encore sur les bancs du gouvernement, et, quand je me suis retiré, M. le président du conseil a bien voulu rappeler que j'avais rendu quelques services à mon pays, et c'est le même homme qui m'inflige aujourd'hui cette épreuve sans qu'il y ait le moindre indice à l'appui de l'incrimination portée contre moi......

Quand j'étais président du conseil, en 1887, je n'ai pas trouvé, dans les fonds votés par le Parlement, les ressources nécessaires pour défendre la République comme il fallait la défendre. (Bruit sur divers bancs. — Exclamations à droite.)

Croyez-vous donc que vos hommes d'Etat aient gouverné autrement ? (Bruit à droite.)

On paraît apprendre pour la première fois qu'en pareil cas on est bien heureux d'avoir, parmi les financiers, des amis qui puissent vous venir en aide. (Bruit sur divers bancs.)

Entendons-nous, il ne s'agit pas naturellement ici d'une œuvre de corruption, mais de publicité, et il a pu rester, sur les avances faites par deux financiers, un solde à régler. (Bruit sur divers bancs).....

Ce que j'ai fait en cette circonstance, tous les hommes politiques l'ont fait (Bruit); oui, dans tous les temps et dans tous les pays. (Interruptions à gauche.)

Si ceux qui m'interrompent avaient été défendus autrement qu'ils ne l'ont été, *ils ne seraient pas sur ces bancs.*

Cette véhémente apostrophe fut saluée des clameurs furieuses d'une partie de la Chambre et M. Rouvier termina son discours sans qu'un applaudissement soulignât la défense qu'il venait de présenter. Il descendit enfin de la tribune et aucune main ne se tendit vers lui.

M. Déroulède lui succéda. L'honorable député somma le Gouvernement d'enlever à Cornélius Herz la croix de grand officier de la Légion d'honneur qui lui avait été si étrangement donnée. Il demandait si on n'osait pas toucher à un si haut personnage. — Aux protestations de la Chambre M. Déroulède répondait :

Je répète ma phrase : oui, M. Cornélius Herz s'est trouvé un des principaux personnages du pays, puisqu'à l'heure décisive de la crise qui a arraché des mains de M. Rouvier le portefeuille des finances, celui qui était l'arbitre de ses destinées au pied duquel on se jetait, ce n'était pas le chef de l'Etat, ce n'était pas un magistrat , ce n'était pas le préfet de police, c'était M. Cornélius Herz (Bruit).

A l'heure où M. de Reinach est mort, il y a eu, on le sait, des conciliabules secrets. Devant qui? devant le président de la République? devant les juges? Non, chez M. Cornélius Herz, placé si haut dans ce pays qu'il semblait tenir les fils du gouvernement. (Exclamations).

Il était grand-officier de la Légion d'honneur et nous avons demandé pourquoi. Pourquoi? Parce qu'il a été commandeur, commandeur parce qu'il a été officier, officier parce qu'il a été chevalier.

Qui donc l'a poussé si haut, quel a été l'introducteur de cet ambassadeur étranger ?

C'est un homme que vous n'avez pas le courage de nommer parce que vous craignez son pistolet, son épée et sa langue, c'est M. Clémenceau. (Mouvement).

M. le président. — Je ne puis vous laisser mettre en cause un de vos collègues.

M. Déroulède. — Je ne prononcerai plus son nom, mais je veux que la Chambre sache que c'est le mauvais génie qui a inauguré ici une politique néfaste ! La faux qui fauche tout semble s'arrêter devant une tête : cette tête, c'est moi qui la marque.

Et il demandait à M. Clémenceau quels services il avait rendus à M. Cornélius Herz pour que ce financier donnât les uns disent 200.000 fr. d'autres 2 millions au journal la *Justice*.

M. Clémenceau répondit à ce discours par un démenti et par une injure. Un duel eut lieu le surlendemain. Il fut sans résultat.

A la même séance M. Millevoye affirmait que Cornélius Herz était un agent secret de la triple alliance.

Deux jours après, le 22 décembre, la Commission d'enquête recevait une déposition capitale. M. Floquet, président de la Chambre, lisait devant elle une déclaration dont voici les principaux passages :

« Je répète donc que dans aucune des hypothèses successivement présentées, ni à l'occasion de l'élection du 27 janvier à Paris, ni à l'occasion de la première ou de la deuxième élection du Nord, ni à l'occasion d'aucune autre élection, je n'ai exercé directement, ni autorisé personne à exercer, ni su que personne ait exercé aucune pression sur les représentants de la Compagnie de Panama, afin d'obtenir ou de faire distribuer une somme quelconque pour les besoins politiques du gouvernement.

« Je n'ai rien demandé, je n'ai rien reçu : ni les 300 000 francs indiqués en premier lieu, ni les 100.000 francs qu'on aurait déposés au coin de mon bureau, ni les 500.000 francs dont on a parlé depuis, ni aucune somme quelconque.

« Ai-je besoin d'ajouter à ce que j'ai dit depuis longtemps dans des conversations qui ont pu d'ailleurs être exagérées, mal comprises ou mal traduites : j'aurais poussé la candeur un peu loin si j'avais pu me figurer que, dans la répartition du fonds spécial destiné à la publicité des journaux et régulièrement touché par eux, les influences politiques ne s'exerceraient pas, et si, m'enfermant dans une indifférence qui eût été une véritable abdication, je n'avais pas, au moyen des informations que j'ai recherchées et des communications qui m'ont été spontanément faites, *observé et suivi d'aussi près que possible cette répartition*, non pas au point de vue commercial qui ne me regardait pas, mais au point de vue politique qui intéressait l'Etat.

« A cette action qui était de l'essence même de la fonction du ministre chargé de la sûreté générale, ne s'est mêlé aucune exigence, ni aucun maniement d'argent.

« Je répète que jamais la Compagnie de Panama n'a ajouté aucun complément aux fonds secrets du gouvernement. »

Les explications de MM. Rouvier et Floquet, tous deux anciens présidents du Conseil, éclairaient d'un jour tout nouveau l'affaire du Panama. Le Gouvernement lui-même reconnaissait qu'en 1888 il avait été le complice des corrupteurs et des corrompus pour dilapider l'argent des malheureux obligataires.

La corruption était élevée au rang de système gouvernemental.

Le président de la Chambre, ancien ministre de l'Intérieur en 1888, lorsqu'on apprenait que les millions de Panama avaient été jetés en pâture aux exigences insatiables des députés, des financiers et des journalistes, avait osé dire : « Qu'il avait observé et suivi d'aussi près que possible cette répartition » et M. Rouvier avait pu crier aux députés qui protestaient, lorsqu'il disait qu'il s'était servi de l'argent de Panama pour défendre la République : « Si ceux qui m'interrompent avaient été défendus autrement ils ne seraient pas sur ces bancs ! »

Quels aveux !

Ne vous plaignez pas, vous tous qui avez acheté des obligations ou des actions de Panama. Votre argent est perdu, il est vrai, mais il a servi à sauver la République du Boulangisme. Vous êtes ruinés! Mais les Floquet, les Rouvier, les Baïhaut, les Thévenet, les Freycinet, les Devès, ont pu garder le pouvoir !

CONCLUSION

C'est ici que se termine ce que nous appellerons la phase parlementaire du scandale du Panama. La phase juridique va lui succéder. M. Franqueville, le juge d'instruction, a ouvert une enquête contre MM. de Lesseps, Marius Fontane, Cottu, administrateurs de la société de Panama ; Léon Renault, Albert Grévy, Beral, Devès, Thévenet, sénateurs ; Rouvier, Emmanuel Arène, Antonin Proust, Jules Roche, Dugué de la Fauconnerie, députés.

Au cours de son instruction il a fait arrêter M. Baïhaut, député, ancien ministre des travaux publics, et M. Blondin, son homme de paille. Tous sont poursuivis en vertu des articles 175 et 177 du Code pénal, sous la prévention de corruption de fonctionnaires.

Des mandats d'arrêts ont été décernés contre Cornélius Herz et Arton.

L'instruction, on le sait, est secrète, et malgré les indiscrétions qui ont été commises, nous ne voulons pas nous occuper actuellement de cet épisode de l'affaire du Panama.

Enfin dans quelques jours la première chambre de la Cour rendra son arrêt contre MM. Ferdinand et Charles de Lesseps, Marius Fontane, Cottu et Eiffel inculpés d'abus de confiance et d'escroquerie,

Lorsque la justice aura fait son œuvre, nous reprendrons notre travail et nous publierons la seconde partie, la phase judiciaire des scandales de Panama que M. l'avocat général Rau dans son réquisitoire pouvait appeler, il y a quelques jours, la plus grande escroquerie des temps modernes.

IMP. ROUZETTE, 5, RUE CAMPAGNE-PREMIÈRE, PARIS

TABLE DES MATIÈRES

IMP. NOIZETTE, 8, RUE CAMPAGNE-PREMIÈRE, PARIS.